夸美纽斯

教育薪火书系·第一辑

近代教育学的奠基人夸美纽斯

孙强◎著

山西出版传媒集团
山西人民出版社

图书在版编目（CIP）数据

近代教育学的奠基人夸美纽斯/孙强著.—太原：山西人民出版社，2018.9

（教育薪火书系/张斌贤主编）

ISBN 978-7-203-10495-7

Ⅰ. ①近… Ⅱ. ①孙… Ⅲ. ①夸美纽斯（Comenius，J.A. 1592–1670）-教育思想-研究 Ⅳ. ①G40-095.24

中国版本图书馆CIP数据核字（2018）第192897号

近代教育学的奠基人夸美纽斯

著　　者：孙　强
责任编辑：傅晓红
复　　审：贾　娟
终　　审：秦继华
装帧设计：李尚斌　张国仁

出 版 者：**山西出版传媒集团·山西人民出版社**
地　　址：太原市建设南路21号
邮　　编：030012
发行营销：0351-4922220　4955996　4956039　4922127（传真）
天猫官网：http://sxrmcbs.tmall.com　电话：0351-4922159
E - mail：sxskcb@163.com　发行部
sxskcb@126.com　总编室
网　　址：www.sxskcb.com

经 销 者：**山西出版传媒集团·山西人民出版社**
承 印 厂：山西出版传媒集团·山西人民印刷有限责任公司

开　　本：787mm×1092mm　1/16
印　　张：13
字　　数：210千字
印　　数：1—3000册
版　　次：2018年9月　第1版
印　　次：2018年9月　第1次印刷
书　　号：ISBN 978-7-203-10495-7
定　　价：67.00元

教育薪火　传承不息(总序)

钟秉林

在人类的历史长河中,教育一直伴随人类的文明进程在不断发展进步,那些弥足珍贵的教育著作、教育思想、教育人物和事迹,无时无刻不在拨动着教育工作者的心弦。我们永远无法忘记那些给我们留下宝贵思想财富的教育家,他们的思想、言论和实践,依然是激励我们教育工作者前进的动力。时至今日,教育的发展与变革更成为世界各国应对日趋激烈的国际竞争的重要战略。在科教兴国战略的指导下,党和国家对教育工作给予了高度的重视,深刻认识到教育家对教育事业的重要性。《国家中长期教育改革和发展规划纲要(2010—2020年)》就明确提出:"创造有利条件,鼓励教师和校长在实践中大胆探索,创新教育模式和教育方法,形成教学特色和办学风格,造就一批教育家,倡导教育家办学。"

要想成长为教育家或者在教育实践中能够起到扛鼎作用并非易事,需要我们教育工作者吸收过往教育家留下来的丰富教育营养,清晰地认识什么是真正的教育家,教育家应该具备什么样的素质和条件,做到融会贯通,大胆实践,自成一家。与此同时,在教育改革的大背景下,普通教师同样迫切需要能够在教书育人过程中得到启迪和突破的催化剂,教育家的思想和实践是经过检验的真理,是教学启迪催化剂的最佳选择。

然而,在浩瀚的书海中,以教育家为主线、囊括中外、跨越古今、自成体系的书系并没有面世。山西的《新课程》杂志社和《现代职业教育》杂志社,在教育的广袤园地上深耕多年,熟知一线教师的需求,希望为普通教师策划一套教育理论普及读物，以使广大中小学教师能够“近距离”地接触中外历代教育家的教育思想、实践经验和办学理念，促进教育理论水平的提高，从而更好地开展教育教学实践。书系的策划人与张斌贤教授为理事长的中国教育学会教育史分会的夙愿不谋而合，合作编写一套大规模的、以教育家为主线的书系的想法随之形成。

策划团队把书系命名为“教育薪火”，是希望教育家的教育思想能够薪火相传，不断推动人类文明的发展。“教育薪火”书系拟分为三辑出版，按照中国古代、中国近现代、外国古代和外国近现代分类。第一辑共选择了一百余位中外教育家，一位教育家一本书，规模宏大，应该说能够在中国教育出版史上留下浓墨重彩的一笔。所选教育家都是经过书系编委会认真研究、充分论证而定的，他们在教育史上有较大的影响，能够启迪或者感染教育工作者，推进教育和教学的发展。当然，其中有的教育家更为名声在外的不是在教育上，但是他们在教育上的贡献毫不逊色于其他方面的贡献，比如我们熟知的一些革命家；另外，还包括了一些具有地方特色的教育家以及还没有被人们真正认识的教育家。

必须提及的是，中国教育学会教育史分会非常荣幸地邀请到我国著名的教育学者顾明远教授、叶澜教授、史宁中教授、宋乃庆教授、田正平教授、裴娣娜教授和朱小蔓教授等担任书系的顾问，成立了由40位教育学界具有重要影响的学者组成的编委会，为书系的质量保驾护航。

还需提及的是，《新课程》杂志社和《现代职业教育》杂志社为物色学有专长的作者付出了巨大的辛劳。书系的作者地域和院校分布广泛，既有北京师范大学、华东师范大学、东北师范大学、华中师范大学、陕西师范大学、南京师范大学、首都师范大学等师范院校的学者，也包括武汉大学、四川大学、南京大学、南开大学、天津大学、河北大学、河南大学等综合大学的教师。作者以教育史专业的中青年教师为主力军，他们朝气蓬勃、时代感强，研究范围涉猎较广，能大胆地探索和怀疑，一些新的教育研究成果不断涌现，为书系注入了难得的新鲜气息；他们与一线中青年教师同处一个频道，其思维模式很容易被接受。

客观而言，现在每年出版的教育类图书很多很多。一类为实践性强和操作性强的教学类图书，教师拿来就可以在课堂上使用；另一类为理论性强和学术性强的图书，印数少，流通范围小，普通教师往往望而却步。然而，教育理论只有指导教育实践才有存在的价值。在我看来，书系最具特色的价值就是秉承了教育理论通俗化这一理念，在教育理论研究者和普通教师之间架起了一道桥梁。书系以教育家为主线，坚持学术性与普及性并重，用通俗化的语言，或阐述教育家的教育思想精华，或叙写教育家的精彩教育事迹和教育实践，力图“润物细无声”，让教师喜欢读，在读中提高素养，深刻理解教育家，形成自己的理论，推进“教育家办学”。

当然，书系在真实性上也颇下功夫。以史料为依据，实事求是叙述，客观全面评价，不有意拔高教育家的贡献，注重教育家闪光点的挖掘和传播，是教育家历史画卷现代版的呈现。书系成规模、系统化，学术性和可读性强，具有较强的收藏价值，非常适合各中小学图书室和大学图书馆选择配置。

中国教育学会教育史分会为教育事业做了一件好事，张斌贤理事长请我作序，我觉得理应支持，欣然应允。

希望广大教育工作者能够认真阅读这套图书，为自己的教育职业生涯发展打下坚实基础，为成长为新时期的教育家而不懈努力。

丁酉年正月于北京

（作者系中国教育学会会长、北京师范大学原校长）

前　言

夸美纽斯(Johann Amos Comenius,1592—1670)是17世纪捷克的杰出教育家,是一位伟大的资产阶级民主教育家。在捷克,他被尊为“捷克文化巨子之一”;在世界教育史上,他被誉为教育史上的“哥白尼”。在欧洲从封建社会向资本主义社会过渡的历史时期,他继承了古代希腊和罗马的教育思想遗产,吸收文艺复兴时期人文主义教育的成果,总结了当时新兴资产阶级的教育经验,创立了一套完整的教育学体系,为现代系统的教育学奠定了理论基础。夸美纽斯生活在新旧社会的转折时期,因此又被称为“欧洲封建社会的最后一位教育家,同时也是资产阶级新时期最初的一位教育家”①。

他在长期的教育实践和理论研究中,总结了一套比较完整的、系统的、有独创性的教育思想,对欧美甚至世界教育产生了重要影响。集其教育思想的《大教学论》是人类历史上第一部系统的、专门的教育理论著作,后被教育理论界看作是近代教育开始的标志。夸美纽斯的教育思想奠定了近代教育理论体系的基础,在教育史上竖立起了一座巍巍丰碑。

作为古代教育理论与实践工作的集大成者和近代西方资产阶级教育理论与实践工作的奠基者,夸美纽斯在教育史上的地位超越了前代任何一位教育家,并对后世学校教育实践和诸多教育家的教育思想产生了深刻而广泛的影响。他的“泛智论”成为近代西方国家政府管理教育、建立统一学制、普及初等教育的思想基础;他的“自然适应性原则”使教育学首次摆脱对哲学的依附而成为一门独

---

①赵祥麟:《外国教育家评传》,上海:上海教育出版社,1992年版,第455页。

立的学科，并引导后人对教育规律作了进一步的探讨与研究。正是在这个意义上，德国教育家劳默尔（K.V.Raumer）称他是“教育科学的真正奠基人”。而美国教育史学家卡伯莱（E.P.Cubberly）则指出：“在夸美纽斯的著作中，可以发现几乎所有18世纪及19世纪教育理论的萌芽。”

走进教育家夸美纽斯，首先要走进他的人生轨迹，了解他的生平；其次，要走进他的教育思想，掌握其基本的教育观点；再次，要走进他那充满睿智的格言，感悟其中蕴含的教育智慧；最后，要在欣赏他富有哲理的教育篇章中，寻求教育启迪，从而饱受启发，为我们的教育实践提供一些有针对性的指导。

当前，在中小学教师中开展研读教育名著已蔚然成风。研读教育名著对于激发教师读书热情、强化教师读书意识、培养教师读书习惯、增强教师阅读能力等无疑有着重要的意义。我们应该努力使读书成为教师的一种需要、一种乐趣、一种享受、一种生活，为教师专业的发展提供精神动力和智力支持，为教师的内涵发展奠定重要基础，共同建设学习型社会。

目 录

第一章

夸美纽斯的生平

夸美纽斯工作图

夸美纽斯的生平可分为六个阶段：早年失怙、初为人师、国破家亡、泪别故国、著书立说、客逝他乡。

一、早年失怙

扬·阿姆斯·夸美纽斯（Johann Amos Comenius），1592年3月28日出生于波希米亚王国（捷克）摩拉维亚的尼夫尼兹城。父亲马尔津·夸美纽斯是磨坊主，参加了隶属于加尔文教派的“捷克兄弟会”。该会主要由农民和城市平民组成，教派内崇尚民主和原始共产主义原则。

1604年，也就是夸美纽斯12岁时，父母先后病故，两位姐姐也相继夭折。他早年失怙，沦为孤儿，被寄养在姨妈家里。这个不幸的打击，中断了他在兄弟会初等学校的学习生活。

1608年，在捷克兄弟会及亲友的资助下，夸美纽斯进入普列罗夫市的拉丁文法学校学习。在校期间，他发愤学习，刻苦自励，成绩优秀，已经表现出卓越的才能。

这段艰辛求学的经历让夸美纽斯对当时的学校教育产生了强烈的反感，他认为不管是哪种学校，其教育内容、组织及方法均存在诸多弊病。他后来曾沉痛地回顾道：“在我们进过学校与大学的人中，有几个稍有一点真正学问的影子呢！我，我是一个不幸的人，我便是数以千计的人们中的一个，悲惨地丧失了一生一世的最甜美的青春，把生气勃勃的青春岁月浪费在学校的无益的事情上面。”[①]他愤激地指责当时学校的教学方法烦琐，令人厌倦，仿佛是故意跟人作对，“学校变成了儿童恐怖的场所，变成了他们的才智的屠宰场”[②]，最终导致大部分学生

①夸美纽斯：《大教学论》，傅任敢译，北京：人民教育出版社，1984年版，第63页。
②夸美纽斯：《大教学论》，傅任敢译，北京：人民教育出版社，1984年版，第61页。

对学习与书本产生厌恶情绪并纷纷离开学校。鉴于此,夸美纽斯立志改革教育,献身教育事业。

1611年,夸美纽斯中学毕业,同年3月30日被兄弟会选送到德国那撒公国赫尔伯恩学院(College of Herbon in Nassau)学习哲学和神学。这所大学盛行加尔文派思潮,与兄弟会的宗教观点不谋而合。在大学期间,年轻的夸美纽斯开始博览群书,并钻研许多古代思想家的著作,研究人文主义者的思想,接触新兴的自然科学知识,并了解宗教改革以来各国的教育发展动向,其哲学和教育思想也日趋成熟。在这里,他结识了热心于教改的加尔文教派神学家阿尔斯泰德(John Hery Alsted)。通过阿尔斯泰德的介绍,夸美纽斯了解了德国教育家拉特克(Wolfgang Ratke)的教育思想以及尼德兰教育的成就。在赫尔伯恩学院学习两年后,夸美纽斯又转入海德堡(Heidelberg)大学学习。在此处,他受到了德国教育家安德里埃(Johann Valentin Andreae)及巴罗伊斯(Darid Pareus)的影响,设法借阅了哥白尼的名著《天体运行论》,还如饥似渴地阅读了同时代许多教育改革家的著作,从中汲取了丰富的思想养料,这些都使他的哲学和教育思想日趋成熟。

大学期间,夸美纽斯进行了两次长途旅行。其中,1613年他访问了当时的名城阿姆斯特丹,遍访当时的学术文化中心,并结交了许多思想新颖、见地不凡的朋友——其中有许多是站在时代前列的改革家,从而进一步受到时代新思潮的强烈熏陶和影响。在大学学习时,夸美纽斯还产生了用捷克语编写百科全书并在人民群众中普及科学知识的强烈愿望。

二、初为人师

1614年,夸美纽斯从海德堡徒步回国,回到莫拉维亚,在普列罗夫拉丁文法学校被任为校长。他以极大的热忱献身于教育事业,开始研究教育改革问题。

1616年,夸美纽斯在教育革新上作了第一次尝试,编写了一本小型语法教学指南《简易语法规则》。同年,他被选为兄弟会牧师,在奥尔米兹担任圣职。

1618年,捷克人民举行了反对德意志天主教贵族统治的起义,成为"三十年战争"的开端。在此期间,夸美纽斯调任富尔涅克(Fulneck)。他身兼二职,既任牧师,又任兄弟会学校的校长。为了培养学生热爱自然的情感,他常带他们出城远足。夸美纽斯始终以极大的热情从事兄弟会争取民族独立的爱国活动,同时又献身于教育事业。他在百忙中挤出时间,潜心研究托马斯·莫尔、康帕内拉、路易·维夫斯等人的著作,广泛阅读教育著作,撰写教育、哲学、神学等论文。同时,夸美纽斯还学习了绘画艺术,特别是对地图学有较深的造诣,他笔下的《精制摩拉维亚新地图》于1627年出版发行,曾经多次再版,被广泛采用。

夸美纽斯初为人师,对教育教学拥有着极大的热情,他热爱学生,勇于探索,积极实践,显示出惊人的才干。

三、国破家亡

就在夸美纽斯的教育事业刚开始起步时,"三十年战争"(1618—1648)爆发了,整个欧洲卷入了战火,遭受了难以想象的灾难。1620年后,捷克新教势力战败,德国天主教会和封建贵族对捷克居民进行了残酷的屠杀和抢劫,夸美纽斯居住的城市在兵燹中被夷为废墟,他所有的藏书和手稿也都化为了灰烬。他本人幸免于难,只带着几件仅存的衣服逃出了富尔涅克。当时,他的妻子怀有身孕,只好回到了娘家,跟父母暂居一处。

1622年初,战争带来了瘟疫,夸美纽斯的妻子和两个孩子染疫丧生,他再次遭到了沉重打击。可恶的战争夺走了他的祖国的尊严和妻儿的生命,也夺走了他研究教育的美好时光。

在这国破家亡的黑暗时代,夸美纽斯伤痛祖国的沉沦,愤恨国家间弱肉强食的掠夺战争,渴望和平、安宁、光明的世界。他以顽强的斗志站在斗争的前线,同反动势力进行了艰苦的斗争,成为反封建的斗士。1618年,他发表《致天国书》,以"被压迫的贫民对上天的控诉"自称,深刻揭露了当时的种种不平等现象。

1623年，夸美纽斯用捷克语写了政治、文学著作《世界迷宫》(*Labyrinth of the World*)与《心的天堂》(*Paradise of the Heart*)。在《世界迷宫》一书中，夸美纽斯将现实世界比喻成一个令人眼花缭乱、无所适从的迷宫，放眼所见，皆是虚伪与罪恶。面对如此腐败的人类社会，他时时流露出悲观、迷茫的情绪；但他又号召人们不要束手待毙，要"在迷宫般的生活中发现一条光明之路"。在《心的天堂》一书中，夸美纽斯从新教徒的立场出发，指出人们不是通过世俗的学习，而是通过基督徒的信仰去发现真理。运用宗教语言宣扬新思想是夸美纽斯在特定的历史条件下的大胆尝试，这种手法自始至终贯穿在夸美纽斯的著作中，成为其著作的一大特色。

四、泪别故国

在"三十年战争"中，捷克沦为奥地利的一个省，统治者对新教徒的迫害有增无减。

1624年，德皇斐迪南二世颁布了一项法令，命令将所有新教徒从捷克驱逐出境。夸美纽斯同其他"兄弟会"成员隐居在波希米亚的密林中，继续从事救国活动，并进行教育研究，教导会员子弟。他们深信，良好的教育是复兴祖国和改良社会的主要手段。

1625年3月，"兄弟会"在杜布拉维查村举行元老会，会议决定马上跟波兰取得联系，要求避难，并推选夸美纽斯为谈判代表。为了"兄弟会"和祖国的利益，夸美纽斯冒着被捕的危险来回奔波，终于达成了有关协议。

1627年7月31日，当时统治捷克的皇帝下令，以天主教为捷克的唯一合法宗教，所有捷克新教徒均须在6个月内公开皈依天主教，否则其财产充公，并要被驱逐出境。

1628年2月，夸美纽斯同三万多户"兄弟会"家庭告别祖国，离开世代居住的家园，迁往波兰的黎撒城避难，从此踏上了终身流亡、客死他乡的坎坷路途。

在离别祖国之际，夸美纽斯表现出极大的爱国情感。他痛苦地呻吟着，难以控制沉痛的心情，愤然爬上高山，面对可爱的祖国，双膝跪倒，泪如雨下，呼唤着："祖国啊——母亲，再见吧！"

五、著书立说

夸美纽斯离开祖国后，定居在波兰的列什诺。在此处，他主持了一所"兄弟会"办的中学，并亲自讲授物理等课程。繁忙的工作之余，他开始系统地总结前人、同时代人与自己的教育经验，并诉诸笔端。这一时期，夸美纽斯著述颇丰，赢得了他所有的声誉。

1631 年，夸美纽斯写成并出版了拉丁文教科书《语言学入门》(*Gate of Tongues Unlocked*)。这是一部为准备学习拉丁语的学生提供的入门教科书，涉及知识内容极为广泛，堪称一部百科全书式的教科书。它在编写方法上颇为新颖，完全打破了传统拉丁语教科书的编写模式，不仅内容丰富，天文地理无所不包，而且结构合理。学生通过阅读、理解，可获"一石三鸟"之功，即了解拉丁语结构规律、掌握拉丁语基本词汇、获得广博的知识。《语言学入门》一书出版后，随即广泛流传，十几种译本相继问世。17 世纪中叶，几乎所有西欧国家都采用此书作为学习拉丁语的课本。美国教育学者认为，"《语言学入门》是夸美纽斯最著名的一部书，如果他一生仅出版了这一部书，也足以使之成为所在世纪的杰出人物"①。为了更简易地学习，1633 年夸美纽斯又写作并印行了《语学入门预备课本》(又译《语学初阶》(*Entrance Hall as an Easy Indroduction to the Gate*)，此书对《语言学入门》作了精简，并加强了直观性，更适合于初学儿童学习。

1632 年，夸美纽斯用捷克语写成《母育学校》(*Mother School*)。这是历史上第一部论述学前教育的专著，集中体现了夸美纽斯的学前教育思想。"夸美纽斯所写的《母育学校》一书，是母亲教育启蒙(智慧发蒙)期的儿童的指南，但是在

①Paul Monroe, *A Text-Book in the History of Education*, New York: Mcmilian Company, 1906: P490.

这本珍奇古老的书中，人们找到的不仅是母亲教育儿童的指南，而且也是所有教师和一切担负着培养幼儿这一崇高神圣使命的人们的指南。”[①]这部书首先以德文译本在列什诺出版，接着波兰文、捷克文、拉丁文、英文版也相继问世，广为流传。

1632 年，夸美纽斯在经过了约 5 年的酝酿及写作后，完成了其教育思想的代表作《大教学论》(*The Great Didactic*)。此后又用 5 年的时间修改、扩充，并改写成当时学术界通用的拉丁文。《大教学论》从书名上看，似乎是一部关于教学法的著作，实际上它远远超出了教学论的范围。它已涉及现代普通教育学的各个方面，是以前的任何同类论著都不可企及的。他写作此书的目的是实现青年时代的理想，即“寻找并找出一种教学的方法，使教员因此可以少教，但是学生可以多学；使得学校因此可以减少些喧嚣、烦厌和无益的劳苦，多具闲暇、快乐和坚实的进步；并且使基督教的社会因此可以少黑暗、困恼、倾轧，增加光明、整饬、和平与宁静”[②]。

《大教学论》在夸美纽斯的所有著作中占有特殊的地位。美国教育史学家保尔·孟禄(Paul Monroe)在本世纪初指出：“夸美纽斯的教育观及其全部教育活动之基础很早即已确立。他后来的一系列著述及教育活动只是早年信念的具体化与发挥而已。虽然夸美纽斯的著述(包括论文及教科书)数以百计，但全部可在其早期教育论著之一——《大教学论》中得到体现。”[③]

这时，夸美纽斯开始致力于“泛智”问题的研究。所谓“泛智”(Pansophia)就是广泛的、全面的科学和智慧。其含义有两个方面：一是要求人们应该掌握现实生活所必需的、一切有用的知识；二是主张这些知识应为所有的人所掌握。这一思想集中体现了 17 世纪生产发展与科技进步对人提出的新要求。这一思想早已具体体现在他的代表作《大教学论》及他所编辑的教科书中。但夸美纽斯并不满足，拟编写一部全面介绍当时科学知识成果的、百科全书式的著作《泛智论》。夸

---

①任钟印选编：《夸美纽斯教育论著选》，任宝祥等译，北京：人民教育出版社，1991 年版，第 7 页。

②夸美纽斯：《大教学论》，傅任敢译，北京：人民教育出版社，1984 年版，第 2 页。

③Paul Monroe, *A Text-Book in the History of Education*, New York: Mcmilian Company, 1906: P494.

美纽斯的想法得到英国教育改革家哈特利布(Samuel Hartlib)的大力支持。在哈特利布的支持下,1637年他于英国出版了《泛智论写作计划》(Intimations of a Universal Science)。哈特利布还将此书寄送至欧洲各国知名学者和各教派的领袖手中征求意见,以便引起更多人的兴趣,帮助实现夸美纽斯的计划。

夸美纽斯得知上述消息后甚感欣喜,在对《泛智论写作计划》加以修改、充实后,于1639年以《泛智的先声》(*Precursor of Pansophy*)为名再次出版。此书的出版引起了当时学术界的注目,不少社会名流及著名学者(包括英国诗人弥尔顿、法国学者笛卡尔等)均对此书表示出浓厚的兴趣。笛卡尔曾对该书写过评论,称赞夸美纽斯是“具有深湛的理智和博大的思想的人,而且对社会福利显示了高贵的热情”①。

1641年,英国国会通过了一项关于组织学术委员会专门研究泛智论的决议,邀请夸美纽斯前来领导这一拟由多国学者组成的学术委员会,并创办能将其理想付诸行动的教育机构。夸美纽斯接受邀请后欣然前往伦敦。但时乖运蹇,他刚刚抵英,就碰上了爱尔兰人的叛乱。动乱中,英国国会无暇顾及原先对夸美纽斯的任何承诺以及夸美纽斯的任何提议。在英国逗留数月后,眼看英国内战短期内结束无望,这时,旅居瑞典的荷兰人盖尔(Ludevic de Geer)邀请夸美纽斯到瑞典从事研究工作。

1642年8月,夸美纽斯来到瑞典。瑞典政府希望他为瑞典学校编辑系列教科书,并答应给捷克兄弟会以常年补助。当时,夸美纽斯的兴趣集中在泛智论的研究,而不是编教材,但他基于兄弟会的利益,同时期望瑞典政府能帮助他的祖国获得独立,因此考虑再三,终于被迫放弃了自己的爱好,接受了编写教科书的工作。按照和瑞典政府签订的合同,夸美纽斯在瑞典工作了6年,圆满完成了瑞典政府委托的工作。此时,夸美纽斯已成为全欧洲最受欢迎的教育家。法国首相黎塞留(A.J.du P.de Richelieu)邀请他赴法国协助建立一所科学院,其他国家的领导人也请求夸美纽斯给予帮助,欧美大陆的学者与教育家均与他建立了通信联系。

---

①魏译馨选编:《傅任敢教育译著选集》,长沙:湖南教育出版社,1983年版,第595页。

1648 年，“三十年战争”终于结束。在签订和约时，捷克仍被划归德意志管辖，新教派别的信仰自由也未得到承认，捷克民族独立的希望破灭了。沮丧的夸美纽斯于同年回到了波兰列什诺。

1650 年 5 月，捷克“兄弟会”在原大主教去世后，举行代表会议，夸美纽斯被推选为大主教。经再三推辞，夸美纽斯还是毅然担起了“兄弟会”领袖的重任，但他钟情于教育工作的决心并未改变。

就在同年 10 月，夸美纽斯接受了匈牙利一位贵族的邀请，到沙罗斯—帕特克（Saros-Patak）创办一所泛智学校。夸美纽斯为他的理想学校拟定了一份计划，名曰《泛智学校蓝图》（*Sketch of a Pansophic School*）。这是一个内容甚为丰富的教育实验计划，但并未能完全付诸实施，拟议创设的 7 个年级实际只办起了 3个即告终止。在匈牙利工作期间，夸美纽斯构思并完成了著名教科书《世界图解》（*The World Sensible Thing Pictured*）。这是世界上第一本依据直观原则编写的课本。全书共 150 课，由插图及对插图加以解说的拉丁语、民族语课文组成。150 篇插图及课文构成了一部颇具特色的小型百科全书，包括了比较重要的拉丁语词汇及民族语词汇。夸美纽斯想用它来对初学儿童进行家庭教育和启蒙教育。该书集中体现了夸美纽斯“泛智”的教育思想和直观性教学原则。此书出版后，由于图文并茂，生动有趣，不仅受到儿童的喜爱，也博得了许多学者的赞叹。

1654 年，夸美纽斯离开匈牙利回到列什诺。

1656 年，列什诺在波兰与瑞典的战争中变成废墟，夸美纽斯的所有财产及大批手稿、书籍均毁于战火。最令人痛心的是，他几十年来所搜集和研究的关于泛智论的材料及许多尚未出版的手稿也付之一炬。列什诺被毁后，年迈的夸美纽斯来到了荷兰首都阿姆斯特丹，在那里度过了他流亡生涯的最后一站。荷兰政府对这位杰出的教育家和爱国志士给予了很高的礼遇。

1657 年，根据阿姆斯特丹元老院的决议，荷兰出版了夸美纽斯的教学论全集《夸美纽斯教育论著全集》（*Complete Didactic Works of J.A.Comenius*）。全集为四卷本，长达两千多页，收入了夸美纽斯从 1627 到 1657 年撰写的 43 部教育论著和教科书，首卷首篇刊登了作者的教育代表作《大教学论》（系第一次公开发表）。但过分考究的形式使很多人只注重欣赏其华美的外表，视之为荷兰印刷艺术的杰作，而忽略了它那博大精深的内容，对作者呕心沥血之作并首次公开刊印的《大教学论》反应冷淡，这使夸美纽斯在欣慰之余又感到莫大的痛苦和失望。夸美纽斯晚年最重要的但未完稿的作品，名为《人类改进通论》（*General Consideration Concerning Human Improvement*），这是一部以拉丁文写作的7卷本巨著。他从1644年开始构思，试图在本书中全面规划改造世界及人类的蓝图。全书高屋建瓴，气势恢宏，较其过去的思想，达到了一个新高度。

六、客逝他乡

1668年，76岁高龄的夸美纽斯病倒了，他感到生命的历程即将结束，缠绵病榻之际，回顾了自己的一生，写下了最后一部自传性的作品《惟一的必要》。文中这样写道："……我整个一生主要不是在祖国，而是在流浪中度过的。我的住所时时变动，没有一个地方我永久居住过。"[①]虽然如此，但他对自己能终生矢志不渝、做一个"追求理想"的人而感到欣慰。

1670年11月15日，夸美纽斯与世长辞，结束了坎坷动荡，但奋斗不息的一生。在他死后，遗留在世的各类著作达265种之多。

①克腊斯诺夫斯基：《夸美纽斯的生平和教育学说》，杨岂深等译，北京：人民教育出版社，1957年版，第106页。

第二章

夸美纽斯的教育思想

世界各地出版的、各种文字的夸美纽斯传记

夸美纽斯继承了前人尤其是文艺复兴时期人文主义教育家的成果，总结了宗教改革时期丰富的教育实践经验，经过潜心探索研究，上升为理论。在他的众多著述中，特别是在他的教育代表作《大教学论》中，始终贯穿着正确的教育应该在各方面跟自然相适应的思想，即教育遵循自然的原则。除此，他对教育作用、教育目的、教育的主导原则、教学理论、学制、学校管理以及德育、教师等问题均作了比较系统的论述，被认为是独立形态的教育学的开端。

一、论教育的目的和作用

夸美纽斯肯定了教育在社会发展和个人发展中的重大作用。他认为教育的终极目的是为永生做准备,教育的直接目的是为现实的人生服务,是为了培养具有“学问、德行和虔信”的人。

(一)论教育的目的

夸美纽斯认为,教育的目的就是培养在身体、智慧、德行和信仰几方面和谐发展的人。教育通过灌输知识,培养道德和信仰,使人所具备的知识、德行和虔信的“种子”得到发展,从而为来世的永生做好准备。他认为:“世间的生活也只是永生的一种预备……去为未来的生活预备各种有用的事情。”[①]教育的目的,一方面使深埋在人身上的“种子”萌发,从而使人成为有知识、有德行的人;另一方面为人来世的永生提供必要的准备。由此可见,在夸美纽斯看来,教育的目的在于“使人成为人”,并为人的永生做准备。

然而,我们应该看到,他认为人生的最终目的是皈依上帝,为“永生”做好准备,带有浓厚的宗教色彩。但是,与中世纪封建和宗教的那种只盲目崇拜神的权威、全然不管学生个人发展的僵化的教育相比,夸美纽斯所提的教育目的却又具有相当的进步意义。他所要培养的在体力、智力、道德、信仰诸方面都发展的新人,正是新兴资产阶级极力摆脱封建桎梏、发展资本主义经济和科学文化所需要的新人,这也正是夸美纽斯关于教育作用与目的的见解的实质。[②]

(二)论教育的作用

夸美纽斯对教育的作用作了高度的评价。他认为教育是人类得救的主要手

---

①夸美纽斯:《大教学论》,傅任敢译,北京:人民教育出版社,1984年版,第21页。

②夸美纽斯:《大教学论》,傅任敢译,北京:人民教育出版社,1984年版,第39页。

段，对社会发展具有促进作用。他指出，“有教养的民族能利用的宝藏”，“它能使社会减少黑暗、困恼和倾轧”。他希望通过教育改变社会道德普遍堕落的现象，从而减少黑暗与倾轧，得到光明与和平。同时他坚信，受过良好教养的民族，将善于利用自然力和地下宝藏，把土地耕种得“像在天堂里”那样好，还可以扫除愚昧和贫困，从而生活得富足、幸福。

夸美纽斯认为，教育使人成为人，对人的发展具有重大作用。他指出，人之所以成为人，只是由于在最适当的年龄，即在儿童时期，受到了所应当获得的那种教育。“假如要形成一个人，就必须由教育去形成”“只有受过恰当教育之后，人才能成为一个人”。[①]他认为，只要通过教育，任何人的德行和才智都能得到发展。在《大教学论》中，他首次以狼孩为例来说明教育、环境与儿童发展的关系。他指出，脱离了正常的人类环境和教育，儿童只会成为人形的动物。但与现代人研究结论不同的是：他认为狼孩一旦回归人类社会，通过精心教育，仍然可望恢复人性。这多少带点理想主义色彩，但也反映了他对教育的坚定信念。他还以形象的比喻来说明教育的作用与意义：“富人没有智慧岂不等于吃饱了糠麸的猪仔？贫人不懂事岂不等于负重的驴子？美貌无知的人岂不是一只具有羽毛之美的鹦鹉，或是一把藏着钝刀的金鞘？”[②]

夸美纽斯认为，人之所以可接受教育在于人具有接受教育的基础。他认为人是上帝“最崇高、最完善、最美好”的创造物，在我们身上埋藏着“学问、德行与虔信的种子”。他引证亚里士多德的观点，认为可将人心“比作一张白板，板上什么都没有写，但是什么都能写上”。也可以把人脑比作能够接受印痕或制作小小形象的蜡，“蜡能变成各种形状，能照任何方式再三加以铸范，人脑也是一样，它能接受万物的影像，能够接纳整个宇宙中的一切事物”。他还说：“然则对于这个记忆的深渊，它能收尽万物，又能重新显现，却从不充溢，也不枯竭……我们的心理较之宇宙还要大，因为包容者当然大于被包者。”[③]

---

①夸美纽斯：《大教学论》，傅任敢译，北京：人民教育出版社，1984年版，第39页。
②夸美纽斯：《大教学论》，傅任敢译，北京：人民教育出版社，1984年版，第42页。
③夸美纽斯：《大教学论》，傅任敢译，北京：人民教育出版社，1984年版，第33页。

夸美纽斯认为人不仅有受教育的可能，也必须受教育。因为人们领悟事物的能力只是一个"虚空的形式"，如同一块没有刻上文字的石碑，只是"潜伏地存在"着，需要通过教育的手段加以发展。教育对所有的人都是必需的。教育对于所谓天资愚钝的人不仅可能，而且"更加刻不容缓"。因为，一个人的心性"愈是迟钝孱弱，他便愈加需要帮助，使他能尽量摆脱粗犷和愚蠢"①。夸美纽斯还指出，有许多例子说明勤能补拙，通过接受教育和刻苦学习后，天资愚笨的人领悟科学，甚至可胜过天资较好的人，因此对这类人不能丧失信心。他把通过刻苦求学、晚出成就的人喻作"结得迟的树木"，认为同样值得赞美，不应受到排斥。聪明的人则更加需要接受教育，因为"一个活泼的心理如果没有正经的事情可做，它便会被无益的、稀奇的和有害的思想所困扰，会自己毁掉自己"。②女子也同样需要接受教育。夸美纽斯驳斥了历史上轻视女子教育或认为女子不可受教育的观点，认为女子和男子一样"具有同等敏锐的心理和求知的能力"③，甚至常常比男子还要强。

通过上述分析，夸美纽斯说明人人可以受教育，也必须受教育。夸美纽斯深信教育具有改造社会、促进个人发展的伟大力量和广泛的可能性，并作了详细的分析论证，这是他对教育学理论的宝贵贡献，也为他普及义务教育的思想提供了理论依据。在夸美纽斯之前，虽然也有不少教育家论述过教育的重要作用，但若与他相比，就论述的深刻性、全面性而言，则无人能望其项背。但是我们也应看到，在夸美纽斯的论述中，含有教育万能论的趋向。教育固然有伟大的作用，但并非万能，不管是教育本身或是教育的对象——人，都要受社会生产关系的制约，因而试图仅凭教育去改造世界的理想是不可能实现的空想，这一点是夸美纽斯所认识不到的。

二、论教育的主导原则

中世纪经院主义性质的学校以无用的、死的文字材料填塞学生的头脑，而不

①夸美纽斯：《大教学论》，傅任敢译，北京：人民教育出版社，1984年版，第52页。
②夸美纽斯：《大教学论》，傅任敢译，北京：人民教育出版社，1984年版，第42页。
③夸美纽斯：《大教学论》，傅任敢译，北京：人民教育出版社，1984年版，第53页。

重视认识实际事物；靠死记硬背让学生记住许多没有价值的结论，而不是通过观察与思考去学习有益的知识，结果造成了学习时间与儿童精力的极大浪费。加之不当的方法、严酷的纪律，导致“学校变成了儿童恐怖的场所，变成了他们的才智的屠宰场”。对此，夸美纽斯进行了尖锐的批判，认为这样的学校是违背自然的。改革这种学校教育，必须在各方面遵循自然，这就是贯穿在夸美纽斯全部教育思想中的“教育必须适应自然”的原则。

夸美纽斯认为，在自然界中存在着一种起支配作用的普遍法则，他称其为“秩序”或“事物的灵魂”。而人作为自然的一个组成部分，其对人的发展以及对人进行教育的活动，也应服从这一普遍法则。在教育活动中也存在着这种秩序，且学校也应该遵照这一原则进行改造。于是，他提出“改良学校的基础应当是万物的严谨秩序”[①]“教导的严谨的秩序应当以自然为借鉴，并且必须是不受任何阻碍的”[②]。他列举了大量的自然现象来论证自己的这一教育主张。在《大教学论》中，在“自然遵守合适的时机”这一“法则”之下，他列举鸟类在气候温暖适宜的春天而不是在寒冬或炎夏孵化小鸟，园丁和建筑师也选择适宜的季节进行种植和建造房屋等事例，说明适应自然的教育亦应从人类的春天——儿童时期开始；在一天之中，又是早晨最适于学习。

遵从教育要依照自然的原则，他进一步强调进行教育要依据人的自然本性，即儿童的天性、年龄特征。他强调，凡事都要跟随自然的领导，要去观察能力发展的次第，要使我们的方法依据这种顺序的原则。夸美纽斯在实际观察的基础上，总结出许多使教育、教学工作适应儿童年龄特征的具体要求，并反复说明，为了使儿童顺其自然地得到发展，必须废止强制性教育的错误观念和做法。

根据自然适应性原则，夸美纽斯论证了学校工作制度，教学组织形式，教学原则、方法以及教学用书等一系列问题。

引证自然，在当时是个进步的主张，今天看来也含有积极因素。其实，引证

①夸美纽斯：《大教学论》，傅任敢译，北京：人民教育出版社，1984年版，第75页。
②夸美纽斯：《大教学论》，傅任敢译，北京：人民教育出版社，1984年版，第80页。

自然并非异想天开，而与他本人和前人长期的教育实际工作经验密不可分。夸美纽斯在对其教育经验进行理论论证时，一反完全依据《圣经》和神学信条的传统（虽然并没有完全抛弃），而采用引证自然的新方法，以合乎自然的“秩序”论证其教育改革主张的合理性，反映了他力图使教育摆脱神学的束缚，转而从现实的世界中、从教育对象的特点中去寻求教育工作的客观依据的观点。他在这方面的努力探索是十分有益的，也是十分可贵的。然而，由于受历史条件和科学发展水平的限制，夸美纽斯并不理解教育作为一种社会现象的特殊规律性，因而，也不可能全面揭示自然界和人类发展的普遍法则。

三、论教学理论

夸美纽斯不仅提出了广泛的教学内容，而且要求改革教学工作方法，以便使儿童能够学习得迅捷、愉快而又彻底。夸美纽斯对当时学校工作的无计划性及个别教学深为不满，认为一个教师所教的学生太少，又教得十分费力，徒劳无功，而这些弊病都是因为错误的方法造成的。他坚决主张改变这种状况，因而详细研究了如何“节省教与学的时间和精力”以及“教员因此可以少教，但是学生可以多学”的问题。在此基础上，他提出有关学校工作制度、教学组织形式、教学工作原则和方法以及教学用书的一系列主张，并且依据适应自然的原则予以论证。这些构成了夸美纽斯的教育理论体系，其中有许多见解在一定程度上反映了教学工作的客观规律，对后世学校教育的发展有着深远的影响。

（一）论课程改革

夸美纽斯对学校的教学内容和课程设置提出了三个标准：实用、广博、精要。

实用性原则，即学校的教学内容和课程设置必须对于实现人们的“实际目的”，亦即实际生活有用。他说：“如果这些知识对于实际目的没有用处，那是再无用不过的；并且，聪明的人不是知道得多的人，而是知道什么是有用处的人。”[①]夸美纽斯指责传统旧学校教学内容空洞、无实用价值；学科体系烦琐，像座“巨人的迷宫”，令人晕头转向，无所适从；儿童在这种学校里与其说是受教育，还不如说是受摧残，根本学不到任何有用的东西。因此，他主张对现行学校的教学内容进行重大改革。

广博性原则，即人应掌握一切有用的知识，把一切有用的知识教给一切人。这正是夸美纽斯“泛智论”思想的体现。他认为“人要成为一个理性的动物，他便要能唤出万物的名字，推考世间一切的事物”，那么，就需要学习“一切可以使人变成有智慧、有德行、能虔信的科目”。[②]因此，在课程的设置上应该符合这一目的，尽量设置广博的知识，让学生知晓世间一切万物。

精要性原则，即是精炼的、最基本的、最重要的东西。夸美纽斯提出：教给学生的东西既要广博，又要精炼，应是最基本的、最重要的东西。他指出，假如我们精通了任何科目的要点以后，次要的细节便很容易知道了。因此，人人应当力求博学，但并非没有重点。他援引辛尼加的话：“执行教导要与撒布种子一样，不要重量，要重质。”并声称：“一个人的口袋里面与其有一百二十镑铅，当然不如有几块金子”来得有用。[③]

因此，他认为课程应该这样设置，并认为应该对异教徒的教材进行清理。针对当时教材的烦琐无用，夸美纽斯提出要删减一切不必要的、不合适的教材。在具体的课程设置中，他主张扩大各级学校的教学内容，加强新兴的自然科学知识的教学。他亲自为学校拟定教学计划，编写教材。在《大教学论》中，他拟订的国语学校课程除了当时流行的“四 R”（读、写、算、宗教）和唱歌外，还增加了自然、历史、地理常识。拉丁语学校除了沿用神学和“七艺”，还增设了物理、地理、历史等学科。他认为大学的课程更应该是“周全”的，应研究人类知识的所有学科、所有领域，把有天分的学生培养成具有百科全书式知识的人。

---

①夸美纽斯：《大教学论》，傅任敢译，北京：人民教育出版社，1984 年版，第 152 页。

②夸美纽斯：《大教学论》，傅任敢译，北京：人民教育出版社，1984 年版，第 64 页。

③夸美纽斯：《大教学论》，傅任敢译，北京：人民教育出版社，1984 年版，第 148 页。

为了改革教学内容，夸美纽斯对于教材的改革、编写也提出了许多宝贵意见，并亲自动手编写了许多教科书来体现他的有关思想。《语言学入门》《物理学》《世界图解》等，就是其中有影响力的代表作。在《母育学校》及《大教学论》中，夸美纽斯为 6 岁以下儿童的智育提出了一个广泛而详细的教学计划。这些教科书成为近代学校教科书的先驱者，其编写原则或示范意义给后人以诸多启示。

（二）论教学原则

夸美纽斯认为经院主义性质的学校，在方法上是强制灌输，把无用的东西塞进学生的头脑，把一年里可以学完的东西徒然拖长为 5 年、10 年甚至更长的时间。这样强迫儿童长时间地学习无用、不切实际的东西，无异于一种酷刑，儿童厌恶，教师劳苦，教学完全变成了空洞的鹦鹉学舌。因此，他在尖锐地批判经院主义学校教学工作弊病与危害的基础上，提出了自己有关教学原则的主张。他要求遵循自然的法则，建立一种"把容易、彻底和迅捷合在一起的教法"，使教学进行得愉快又有效。

1.启发诱导原则

夸美纽斯严厉批评了旧学校经院式的教学方式，坚决反对强迫学生学习，认为必须启发学生热爱学习的愿望，调动儿童学习的自觉性、积极性。他说，对于渴望学习的人，学习好比"一个人饿了，他就急于要吃食物，立刻可以把食物加以消化，容易把它变成血肉"。因此，他强调要"应该用一切可能的方式把孩子们的求知与求学的欲望激发起来"。[①]在此问题上，他认为需要教师采用正确的教学方法来充分调动儿童的主动性，使儿童自内向外的发展得以实现。

而调动学生的积极性就需要重视教育中的兴趣。夸美纽斯认为：儿童的兴趣一旦被激发出来，则每一个儿童都有足够的动力去学习。他指出：儿童希望学习，这是与生俱有的遗传性能，符合自然。儿童呱呱坠地后，就有天生的愿望，想"看、听、触摸一切新奇的事物"，他想知道一切。教师必须了解儿童，知道是什么供给儿童动力去学习，并能娴熟地使用这些力量。夸美纽斯认为，吸引学生爱好的学习方法很多。比如，在上新课时，用一种吸引人的方式向学生提出问题，指

①夸美纽斯：《大教学论》，傅任敢译，北京：人民教育出版社，1984 年版，第 107 页。

出那门课是“如何的美善、有用、快意，是如何的需要”，并把那门课的轮廓、目标、界限和结构告诉学生。他说学生如果对课程一无所知但又好奇，则会产生强烈的求知欲望。这与孔子所谓的“不愤不启、不悱不发”含义相近。又比如，在教学中，教师还可以介绍一些有趣的、实用的知识，以激发学生的兴趣。此外，还可采用直观教具、表扬、奖励等多种方式去激发学生求学的欲望。在采用各种教学方法和措施时，夸美纽斯要强调遵循自然的要求，不要强迫，应顺其自然。这种自然性就如水往低处流，鸟儿出笼飞一样自然。

2.直观性原则

夸美纽斯认为知识是从感觉而来的，人只有通过感觉器官，才能得到真实可靠、不会遗忘的知识。“知识的开端永远必须来自感觉”，科学的真实性与准确性主要依赖于感觉的证明，“从感官得来的知识，我们立刻就相信”，“感官是记忆的最可信托的仆役，所以假如这种感官知觉的方法能被普遍采用，它就可以使知识一经获得之后，永远得以记住。”①由此，他认为在教学中，应该贯彻直观性原则，并要求“在可能的范围以内，一切事物都应该尽量地放到感官跟前”。对于某些不可能直接感知、观察的事物，则可以采用其他方式取代。诸如制作模型、范本，绘制图画、表格等都不失为一种可行的取代方式。

他亲自为孩子编了《世界图解》，这本书配置了大量的插图，图文并茂，生动形象。一出版便被译成多国文字，畅销不止。在这本书的影响下，各国也都为儿童编写了类似的儿童读物，对培育儿童的德、智、体起着巨大作用。

在教育史上，夸美纽斯首次对直观教学进行了理论论证，同时详细地说明了运用直观原则进行教学的诸多具体方法，这在当时是难能可贵的，是远远超过前人的。他的这一历史功绩，对于实施科学知识教育具有重大意义，对于提高教学工作的质量和效果也有直接的作用。但是，应该强调的是，尽管直观很重要，但也不应夸大直观的作用。

3.量力性原则

夸美纽斯要求教学应适合儿童的年龄特征，不能过分强求，凡是超过学生理

①夸美纽斯：《大教学论》，傅任敢译，北京：人民教育出版社，1984年版，第157页。

解的东西不应强迫学生接受。“学生不应受到不适合他们的年龄、理解力与现状的材料的过分压迫，否则他们便会在和影子搏斗上耗掉他们的时间。”[①]同样的道理，“假如使他们过度受到默述、练习和需要记忆的功课的压迫，以至产生恶心甚至痴癫”“对于青年人，这是一种酷刑”。[②]因此，教育学生应该量力而行，不能超过学生可承受的“度”。

夸美纽斯曾借用昆体良的一个比喻来集中说明其量力性原则：如果我们拿一只仄口的瓶子，把大量的水猛烈地倒进去，而不让它一滴一滴地滴进去，结果会是什么呢？毫无疑问，大部分的水会流到瓶子外边去，瓶子所盛的水比慢慢倒进去的还少。有些人教学生的时候，不是尽学生所能领会的去教，而是尽他们所愿教的去教。他认为这样的做法是愚蠢的，并且常常是费力不讨好的。以上可见，夸美纽斯的量力性思想实际上是要求教学必须适合儿童身心发展的特点，不能揠苗助长，违背儿童成长的规律，超过儿童的可承受度。

4.循序渐进原则

夸美纽斯根据“自然并不跃进，它只一步一步地前进”的法则，以及幼鸟慢慢学飞的事例，引出教学要循序渐进的原则。

夸美纽斯认为，自然界的发展和人类许多活动的进行，都是井然有序的；然而，旧的经院主义性质学校的教学工作却十分混乱。比如，教学中主要教授书本上的文字，走上文字教学的绝路；语文的教学从文法开始，而不注意对于作品的教学；先教抽象的规则，然后才给例证：在讲清基本概念之前，杂乱地旁及各家之说及各种评注；以及不进行彻底的讲解，便要求熟记甚至于默写，等等。他尖锐地指出，这种混乱的教学只会造成学生头脑的混乱。与此相反，他要求传授给学生的知识应该是系统的，教学的进行应该循序渐进。他认为，只有这样，才能使学生在学问上取得进步，能力得到发展。

他主张将各个班级的功课分成阶段，使先学的能为后学的扫清道路、指出途

---

①夸美纽斯：《大教学论》，傅任敢译，北京：人民教育出版社，1984年版，第167页。

②夸美纽斯：《大教学论》，傅任敢译，北京：人民教育出版社，1984年版，第113页。

径。教师教学、学生学习要严格遵守时间和科目的划分,不能“省略或颠倒”。他还要求练习应从基本的做起,不能好高骛远,一开始就去从事野心勃勃的工作。他曾以学绘画为例:一个画家并不开始就教他的学生画人像。他只教学生调颜料、握笔、画线条,然后再教学生画粗糙的轮廓。这样按部就班,一定时候水到渠成,学生就可以掌握娴熟的绘画技巧了。他说:“假如有人对于任何一种艺术能够按照这里所指示的,一步一步进行,他是不会得不到进步的。”其他课程的教学也是同样的道理。他要求“学生首先应当学会理解事物,然后再去记忆它们,在这两点经过训练之前,不可强调言语与笔墨的运用”。

具体而言就是:在教学内容上,要妥当地安排教学科目的顺序,将每一学科的内容仔细分成阶段,使先学的知识能为后学的奠定基础。在知识教学的安排上,要求做到由近及远、由易到难、由简到繁、由已知到未知、由具体到抽象等。在教学时间的安排上,也要仔细划分好,务必使每年、每月、每日、每时都有它指定的工作。此外,他还要求在学生学习知识的过程中,要按其认识活动的特点,首先从感官的活动开始进行观察,在理解的基础上再去记忆,最后才是进行实际运用的练习。总之,夸美纽斯要求学校自始至终要按学生的年龄特征及其已有的知识循序渐进地进行教导。夸美纽斯强调:有计划、按顺序进行教学还包括重视打好学习基础的正确见解。正如建筑师建造房屋一样,只有先打好基础,才能一步步地修墙、盖屋顶。同时,一门课程在讲授各部分细节之前,也要先打好基础,即对于该课程的目的、范围和结构进行概括性的说明。

5.主动性与自觉性原则

在教学方法上,夸美纽斯强调儿童参与的主动性。“凡是儿童喜欢的东西,只要对孩子没什么坏处,就应当让他们从玩中得到满足。”他主张“应该用一切可能的方式把孩子们的求知与求学的欲望激发起来”,提高他们学习的主动性与自觉性。除此之外,他还主张在实践中让儿童通过自己的体验、观察进行学习,比如学光学,可以让孩子观察太阳、天空、日月星辰、颜色、镜子等。孩子是好动的,他的活动不应加以限制,最好是以游戏的方式进行。这样既可以锻炼身体,使身体变得健壮,又可以锻炼孩子的思维能力,最终使他们身心都能更加灵活。

6.巩固性原则

夸美纽斯以巩固为目的让学生掌握知识，并达到随时可以应用的程度，以此作为衡量教学是否彻底的标准。他把学了知识而没有得以巩固比喻为不断地向筛子上泼水，这是不会使人增长智慧的。针对这些现象，夸美纽斯在《大教学论》第十八章提到了“教与学的彻底性原则”，即巩固性原则，并提出了相应的措施：

(1)教给学生的知识必须是有用的。

(2)要激发学生的求知欲望，使所学概念彻底印入学生脑海。

(3)从事物本身去获得知识，即从实践中获得知识。不仅会分析，而且要善于综合。

(4)课程的排列要有系统，先学的课程要成为后学的基础，后学的课程要能巩固前面的知识。

(5)要训练、培养记忆力。

(6)努力将学过的东西教给别人，或复述给别人听。

(7)所教的科目要有适当的反复与练习。①

在这些措施中，他非常强调实践在巩固、掌握知识与技巧中的作用。他认为，教师传授，学生听讲、阅读固然重要，不可忽视，但最深刻、牢固的知识却是通过学生实践得来的。因此，他要求“让学生从书写去学书写，从谈话去学谈话，从唱歌去学唱歌，从推理去学推理”。这种思想被一些学者称作是一种“做中学”的思想。夸美纽斯要求将这种方法不仅贯彻在教学中，还要贯彻在德育中。

为了使知识得以更深入的巩固，他要求教师授课时，要讲清事物的原因和理

①夸美纽斯：《大教学论》，傅任敢译，北京：人民教育出版社，1984年版，第119—134页。

由，在理解原因的基础上，知识才能掌握得更加牢固，这种种要求好比是“钉子、钩子和夹子”，能让所记的东西巩固在记忆里面，不致忘却。他还主张多做练习、经常复习，认为这不仅可以磨炼记忆力、巩固所学的知识，而且有益于掌握书写、唱歌、谈话和推理的技能。他建议，将每个班级所用的一切书本的内容都做成提要，挂在教室的墙上，使学生的感觉、记忆与理解力天天得到进行联合练习的机会，从而有助于巩固并掌握知识。

7.因材施教原则

夸美纽斯一方面强调人的自然的平等及可受教性，另一方面，又指出儿童是有个体差异的。他指出：“人心的不同和植物、树木或动物之各不相同一样大；这个必须这样去对付，那个又必须那样去对付，同样的方法是不能够用在所有的人身上的。有些人的心理能力确乎是很大的，他们能在每门学科上面有成就；但是也有许多的人，连某些基本的东西都极难掌握。有些人对于抽象的科学显得很有能力，但是对于实用的科学，才力很小就像一匹驴子不会玩七弦琴一样。有些人除了音乐以外，什么都能学会，有些人却不能够精通数学、诗词或逻辑学。”①

针对儿童的个别差异，夸美纽斯认为，教育者不应对某些儿童厌弃，也不可按自己的主观意愿试图改变儿童的天性及能力，因为这样做“不是没有结果，便是结果远抵不上所费的精力”②。依照自然行事，顺应儿童“天生倾向发展”，这是教育工作者必须遵循的基本原则。因此，他要求教师必须研究儿童、了解儿童，掌握不同儿童的特点，并根据不同特点做到有的放矢，对儿童采取不同的教育方法与措施，这个必须这样去对付，那个又须那样去对付，必须采取不同的方法，因此，同样的方法是不能够用在所有的人身上的。夸美纽斯认为，只要教师坚持这样去做，儿童“在某一方面缺少的东西多半会由另一方面去补足”。最后，不论儿童的资质如何，都会获得相当的发展。

由此可见，夸美纽斯的因材施教与孔子倡导的因材施教观不谋而合。

---

①夸美纽斯：《大教学论》，傅任敢译，北京：人民教育出版社，1984 年版，第 153 页

②夸美纽斯：《大教学论》，傅任敢译，北京：人民教育出版社，1984 年版，第 153 页。

四、论学制

在《大教学论》中，夸美纽斯提出了一个统一的单轨学制，共 24 年，从出生直至成年。其间又分为婴幼儿期、儿童期、少年期和青年期四个发展阶段，各为 6 年，与之相应的是母育学校、国语学校、拉丁语学校和大学等四级学制。夸美纽斯认为，每一个发展阶段及相应教育机构都有自己专门的教育任务，同时，它们之间又存在着联系，前一个阶段都是为后一阶段打基础的，后一阶段又是前一阶段合乎逻辑的发展，最终实现教育所要达到的目的。具体可见下表：

	时间	地点	师资	主要任务、课程、目标
母育学校	从儿童出生至 6 岁为第一阶段	家庭是儿童的第一所学校	母亲是儿童的第一位教师	为儿童体力、智慧和道德的发展奠定基础。
国语学校	儿童满 6 岁后	在每个城市及大小村庄都建立起国语学校，招收每一个儿童，不问其社会地位或性别，并且混合编班，让所有儿童接受同样的教育。		接受初等教育，学习 6 年国语。目的与目标是把对青年人终生有用的事物教给一切 6~12 岁的儿童。具体而言，就是通过以国语进行的读、写、算及音乐、宗教、通史、天文、地理、自然经济学、政治学及技艺的学习训练感觉器官、想象力及记忆力。
拉丁语学校	当儿童结束了国语学校的学习，则可进入具有中等教育性质的拉丁语学校学习。	每一个城市，并为所有志向“在工场之上”，愿意学习更多知识的人开放。		这类学校分为 6 个年级，每年以一种学科为主，并以此学科作为该年级的名称，分别为文法班、自然哲学班、数学班、伦理学班、辩证术班、修辞学班。这种学校应为学生提供百科全书式的知识，或为以后接受更高等的教育做好准备。

续表

	时间	地点	师资	主要任务、课程、目标
大学	青年在将近 18 岁时，结束了拉丁语学校的学习，更高一级的机构是大学。	设在每个王国或省		大学旨在培养牧师、律师、医生、教师以及国家领导人，只有极少数才智过人，且有良好德行的人才可在进一步的受教中获益。他建议举行公开考试，以从拉丁语学校的毕业生中挑选适于进一步深造的青年。大学的“课程应该真正是普遍的，应有学习人类知识的每一部门的准备。”

夸美纽斯提议，以广泛的长途旅行来结束大学生活。他根据切身体会，认为这种旅行对于常年侧重于书本知识学习的青年获得直接经验、了解民情风俗、开阔眼界是大有裨益的。

在夸美纽斯的上述学制构想中，其贡献突出表现在他的单轨学制与体现在其中的普及初等教育、中等教育为一切人开放的主张。如果我们考虑到他是置身于等级及教派森严的 17 世纪，有关主张更属难能可贵。诚如，有的美国教育学者指出：“夸美纽斯所提出的学制，类似于美国的现行学制，而完全不同于后来在欧洲逐渐形成的双轨制。”[①]这是与他的力图维护平民利益的民主主义思想分不开的。

此外，在 20 世纪 30 年代新发现的夸美纽斯的晚年著作《人类改进通论》七卷本之一的《泛教论》(*Panpaedia*)手稿中，夸美纽斯对上述学制作了进一步的发展，声称教育应从妇女妊娠乃至男女婚配开始，直至进入坟墓方告结束。基于这一认识，他将人的教育划分为七个阶段：(1)胎儿期；(2)幼儿期；(3)童年期；(4)少年期；(5)青年期；(6)成年期；(7)老年期，并为上述各阶段规定了相应的

①E.P.Cubberley, *The History of Education*, Boston: Houhton Mifflin Company, 1920: P412.

教育机构及教育任务。由于第二至第五阶段与《大教学论》中的有关构想（即前述的四级学制）大体相同，不同的是增加了胎儿期、成年期和老年期。如下表所示：

夸美纽斯所设想的人的教育的七个阶段

<table>
<tr><td colspan="7">人的教育阶段</td></tr>
<tr><td>胎儿期</td><td>幼儿期</td><td>童年期</td><td>少年期</td><td>青年期</td><td>成年期</td><td>老年期</td></tr>
<tr><td>胎儿学校，设立婚姻指导委员会</td><td colspan="4">同上</td><td>设立“成人学校”</td><td>成立“老年学校”</td></tr>
<tr><td colspan="2">私立学校</td><td colspan="3">公立学校</td><td colspan="2">个体学校</td></tr>
</table>

夸美纽斯提出，在胎儿期应设立胎儿学校。他对优生优育的问题进行了讨论，甚至提出设立“婚姻指导委员会”及“产前诊所”，为准备结婚的青年男女及孕妇提供咨询，以便养育出健康的婴儿。在《母育学校》中，他也讨论过优生和胎教等问题。在成年期，夸美纽斯主张设立“成人学校”。他指出，成人放弃继续接受教育训练的观点是愚蠢的。在人生的这一阶段，书本不但不应被抛弃，还应更广泛地被使用，只是在方式上，成人以自我教育为主。他也依据泛智原则为成人教育开列了内容广泛的大纲和书目，涉及完善身心及认识世界两大方面。他认为，加强道德及技术的学习可使一个人更好地从事其本职工作。此外，他还谈到理论联系实际，按照人的天性选择职业、在人们之间开展竞争，以使人们最大限度地发挥潜力并如何享受生活乐趣等问题。在老年期，夸美纽斯主张在有老人聚集的地方成立“老年学校”。他认为，老年是人生的一部分，人生的前两个阶段相应的教育机构是“私立学校”，与后三个阶段相应的是“公立学校”，与最后两个阶段相应的是“个体学校”。但不论哪类学校，他都要求或国家，或教会，或社团向它们提供必要的书籍、教具及合格的教师。他极为强调教师提供帮助的价值，主张挑选品格高尚、热心勤勉、精明能干的人来任教或提供咨询。夸美纽斯声称，他倡导这一教育体系的目的是改造人类，使所有的人都变为“真正理性的、真正道德的、真正虔诚的”人，使人类社会成为开放的、幸福的天堂。

从上述粗略的介绍我们可以看出，夸美纽斯在其晚年已以高屋建瓴的恢宏气势提出了一个从优生优育到老年教育(从摇篮到坟墓)的系统的终身教育体系。就其严谨性、完整性而言,不仅前无古人,数百年间也无来者。我们没有理由不认为夸美纽斯是历史上比较系统的终身教育思想的最早阐述者和倡导者。追根溯源,夸美纽斯无疑是现代终身教育的开路先锋和奠基人。

五、论学校管理

中世纪的欧洲各国,由于缺乏统一的教学计划和科学的教学组织管理形式,学校比较杂乱、松散。教师对学生进行个别指导,或以高压迫其就范。文艺复兴以后,特别是宗教改革时期,由于教育规模扩大,受教育的人数增多,不少教派的教育家为了收到较好的教育效果,开始探索新的教学组织管理形式,分班、分级教学制度开始形成。夸美纽斯总结了前人的经验,并予以完善和发展,在《大教学论》中第一个从理论上提出并详细论述了包括班级授课制和与此配套的学年制在内的学校管理理论。

1.提出班级授课制

夸美纽斯用太阳以它的"光亮和温暖给予整个世界",而"不单独对付任何单个事物、动物或树木"①为依据,提出了班级授课制,并对此作了详细论证。夸美纽斯认为,采用班级授课对师生是一种激励,也是提高教学效率的有力手段。他指出:"教师看到跟前的学生数目愈多,他对于工作的兴趣便愈大(正同一个矿工发现了一线丰富的矿苗,震惊得手在发抖一样);教师自己愈是热忱,他的学生便愈会表现热心。同样,在学生方面,大群的伴侣不仅可以产生效用,而且也可以产生愉快(因为人人乐于劳动的时候有伴侣);因为他们可以互相激励,互相帮助。"②

具体而言,班级授课制要求根据儿童的年龄特点、知识水平,将他们分成不同班级作为教学的组织单元。每个班级有一个专用教室。在国语学校中,分别设

---

①夸美纽斯:《大教学论》,傅任敢译,北京:人民教育出版社,1984年版,第137页。

②夸美纽斯:《大教学论》,傅任敢译,北京:人民教育出版社,1984年版,第139页。

6个班，学生逐步升入高一级的班中学习。在拉丁语学校中也有6个班级，从低到高，它们分别称为：文法班、自然哲学班、数学班、伦理学班、辩证术班、修辞学班。每个班级有一位教师，他同时面对全班所有的学生进行教学，或者说全班学生在教师指导下学习同样的功课。夸美纽斯在讨论班级授课时提到：一个教师同时教一百甚至几百个学生是可能乃至必要的（这一偏激主张显然与当时的合格教师稀少有关）。为了使教学切实可行，他提议在班级内将学生分成十人一组，每组挑选一个承担管理职责的组长（即十人长）。十人长的职责是协助教师督促其他学生，管理学业，必要时，还可代替教师主持若干教学活动。

夸美纽斯认为，采取上述做法的结果是："1.教师的工作可以减轻；2.没有一个学生会被忽略；3.学生会比以前更用心；4.对一个学生所说的话会对全体学生同样有益。"①

2.论学年制及学日制

为了改变中世纪学校工作的无计划以及学生在一年中可以随时入学的混乱无序的状况，夸美纽斯制定了统一的学年、学日制度，以保证合理地支配时间。按照他的构想，除特殊情况外，各年级应在每年的秋季开始和结束学年课程。除此时间之外，不应接收任何儿童入校，务必全班同学的学习进度一致，都能在学年底结束相同课程的学习，经过考试，升入更高的年级。此外，一学年还被划分为月、周、日、时，每日有4个小时用于上课。他建议在从事一小时紧张的学习后，要休息半小时，每天要保证8小时的睡眠，每周三、六的下午是学生自由活动时间。每年有4次较长的休假日，每次8天。宗教节日（如圣诞节、复活节等）的前后一周、葡萄收获季节的一个月也是学生休息的时间。这样，学生的学习、休息和生活有了合理的安排。

3.论考试及考查制度

为了提高教学的效能，与班级授课制及学年制配套，夸美纽斯还制定了一套比较完整而严密的考试及考查制度。共分为6种：

---

①夸美纽斯：《大教学论》，傅任敢译，北京：人民教育出版社，1984年版，第144页。

(1)学时考查。由任课教师主持,在上课时进行。这种考查有时是观察学生学习是否专心,有时是通过提问进行检查。

(2)学日考查。由十人长主持,在每天学校全部课程结束之后进行。形式是:由十人长与其组员一起复习,检查所学内容。十人长应力求使小组成员熟练掌握已经正确理解的材料。

(3)学周考查。这是一种自我考查,在每周星期六午休时进行,提倡进行互换名次的比赛。任何一个名次较低的学生有权对本组名次较高的学生进行挑战(甚至可以跨组竞赛)。如果后者比赛失败,就应让位给对手,改为低名次;否则仍保持其原来的名次。

(4)学月考查。每月一次,由校长到各班例行视察时进行。

(5)学季考试。由学校校长和某个主任一起主持,以便了解谁的记忆力、语言表达能力更强,学习更勤奋、表现更佳,以此作为公开表彰的依据。

(6)学年考试。这是学校最隆重的考试,通常在学年结束时举行,学校所有主任均需参加。形式是:将全校学生集中在操场上,通过抽签,采取口试的形式。合格者及其十人小组均可升级,不合格者则须重修或被勒令退学。①

上述考试及考查制度并不完全是现代意义上的考试制度,只是一种非书面的检查学习的方法,并且缺乏规范化。但是,这对学生学业的检查,时刻关心学生的成长,保证教学质量和教学效果来说仍不失为一种良好的管理方法。

4.论督学制度

夸美纽斯是历史上最早倡导国家设置督学的教育家。他认为任命督学是国王和当权者的权力,他们应将那些“受人尊敬的、贤明的、信教的和积极的”,同

①任钟印选编:《夸美纽斯教育论著选》,任宝祥等译,北京:人民教育出版社,1990年版,第318—319页。

时具有丰富的教学经验、自愿从事该项工作的明达之士推举到督学的工作岗位上去。

夸美纽斯还论述了督学的职责:(1)对未来的管理者进行培训,使之学会领导学校、制定规章制度,从而将各自管理的学校组织成一只有秩序运行的精良的"钟"。(2)对各类学校人员进行管理。包括检查校长、教师的工作,并依照其工作表现建议发给恰当的薪金。他认为这样按劳付酬无疑可调动校长、教师的工作积极性,提高教育效果和质量。督学还具有解雇和重新聘用教师的权力。(3)对学校的各项教学工作进行检查。夸美纽斯指出,督学可通过听课和直接参加学校具体工作的方式来检查学校教学的优劣。尤其是听课可直接感受师生的教与学,从而为公正地评估教师的教学提供了依据。(4)监督学校规章制度的执行,此外还要到社会上去巡视,了解家长和监护人如何对孩子进行教育,并予以指导,以便使学校教育与家庭教育协调一致,相得益彰。夸美纽斯赋予督学的后一项任务大大地拓宽了督学的工作范围,表明督学须承担起全方位的对教育(包括学校教育及社会、家庭教育)的监督之责。夸美纽斯督导思想的提出是教育管理思想史上的一个里程碑。

5.学校工作人员的管理职责

夸美纽斯在《创建纪律严明的学校的准则》中,将学校人员分成三类:"一部分是那些学习知识的人,即学生和他们的十人长;一部分是传授知识的人,即学校的(社会的)教师和由校长监督领导的私人教师;还有一部分是管理学校工作的人,即副校长和主任。"[①]值得注意的是,在夸美纽斯的著作中,出现了校长、副校长、主任这些学校专门的管理人员,并且对校内管理者的职责作了明确的阐述。

校长:夸美纽斯认为,作为学校总管理者的校长,是全校的核心和支柱。他不承担直接的教学工作,其职责是对学校的各项工作进行领导和协调。其中包括:(1)对教师的管理。校长应了解教师的生活和教学状况,为此,他可私下或公开地对教师进行了解和检查。固定的检查有学月检查和学季考试。校长还须承担指导教师之责,帮助教师掌握教学方法和策略。(2)对学校规章制度的管理。校长须监督学校各项制度和规章的执行,预防违纪现象发生,确保学校一切工作都

①任钟印选编:《夸美纽斯教育论著选》,任宝祥等译,北京:人民教育出版社,1990年版,第313页。

有条不紊；一旦发现脱离常轨之事，则需及时予以纠正。为了预防违纪现象发生，他应向每一个学者或希望入学者宣读学校规章，并询问他们是否能恪守无误，学生只有作出保证遵守的承诺并签上名后，方能入学。[1]（3）对学校档案的管理。校长应对学校的档案材料，包括学校的年鉴、规章制度、学生的花名册等承担保管之责。学校的年鉴宜由秘书记录，所记内容有学校创建及发展变化的情况、历年校长和教师名单及其变动情况、学校各个时期发生的重大事件等。

教师：教师应明确执教班级的目标和任务，并据此安排一切活动。在教学中，教师首先应该教会学生笃信宗教，然后是待人接物方面的美德，最后是生活的外部装饰品——科学知识。教师应成为学生“道德的活生生的楷模”[2]。

十人长：十人长是学生十人集体的管理者。其职责除管理学业，主持每天的学习考查外，还须在智慧、德行、虔信三个方面对其他学生进行管理。十人长还要注意同学在校外是否有礼貌，敦促每位学生认真地祷告。[3]

6.论学校纪律及规章制度

夸美纽斯非常重视纪律在学校管理中的作用，认为为了维持正常的学校秩序，纪律乃是必不可少的，并声称“学校没有纪律便如磨坊没有水”[4]。他认为，学校所制定的各种规章制度和行为准则必须严格执行，并确保其严肃性，任何人不得擅自违反破坏。他说：“要经常地、高度警惕地维护准则，否则没有任何规章和有章不循这两者之间就没有区别了。”[5]他提出维护纪律的办法有三种，即监督、谴责、惩罚。夸美纽斯指出，在学校中，从上至下，无论谁都不得有任何违纪行为，必须及时监督。一旦有了过失，则宜根据过失的轻重程度给予惩罚，包括训斥、用树条赤身抽打乃至开除等。但他反对在教学中使用暴力，主张“只有在道德受了违犯的时候”，如对“语侵神明”“淫秽”“顽梗和蓄意的恶行”“骄傲与轻

①任钟印选编：《夸美纽斯教育论著选》，任宝祥等译，北京：人民教育出版社，1990年版，第339—340页。

②任钟印选编：《夸美纽斯教育论著选》，任宝祥等译，北京：人民教育出版社，1990年版，第335页。

③任钟印选编：《夸美纽斯教育论著选》，任宝祥等译，北京：人民教育出版社，1990年版，第329—330页。

④夸美纽斯：《大教学论》，傅任敢译，北京：人民教育出版社，1984年版，第309页。

⑤任钟印选编：《夸美纽斯教育论著选》，任宝祥等译，北京：人民教育出版社，1990年版，第345页。

蔑”“嫉妒与懒惰”等性质恶劣的不端行为，才能采用一种比较严酷的纪律。夸美纽斯指出：体罚是执行纪律的“极端的方法”，学校不能完全放弃，“不过我们总该格外当心，这种极端的方法不可用得太随便、太热心，因为倘若我们滥用了，那么责打应当对付的不服从的极端的情形还没有发生，我们早已智穷力竭了”[①]。

此外，他还要求在对学生处罚时，要做到既严格又温和，以利于错误行为的纠正。

总之，夸美纽斯在继承、总结了16世纪宗教改革时期各教派教育管理实践经验的基础上，提出了有独创性的教育管理思想，包括：由国家设置督学来监督管理学校教育及社会教育；建立统一的学校制度；从理论上阐述班级授课制的作用和意义，并对这一制度进一步予以完善；制定学校的各项规章制度等。从总体上看，夸美纽斯的教育管理思想，不论是对教育行政还是对学校管理都提出了比较细致、全面的要求。这种管理改变了过去仅凭校长或其他管理者个人的经验去决定学校事务的情况，使学校的各项工作有章可循、有法可依，从而使得学校就如一架运转灵活的机器，人的一切行为都协调配合，井然有序。这与过去的经验型的教育管理相比，无疑是一个很大的进步。

夸美纽斯是教育史上第一个较为系统地论述教育管理问题的教育家，他的有关论述对教育管理学的形成作出了宝贵的贡献。正如有的研究者所指出的，如果我们称宗教改革时期的教育实践家为西方学校管理学的先驱者，夸美纽斯则堪称“西方学校管理学的奠基人”[②]。

六、论德育及体育

（一）论德育

在夸美纽斯的教育理论体系中，德育占据了一定的位置。甚至他说他写《泛

①夸美纽斯：《大教学论》，傅任敢译，北京：人民教育出版社，1984年版，第218页。

②任钟印选编：《夸美纽斯教育论著选》，任宝祥等译，北京：人民教育出版社，1990年版，第11页。

智论》的目的也是要使之成为医治全人类的医术，这种医治的重要方面就是拯救人类道德。[1]可见，德育在夸美纽斯的教育体系中占据何等重要的位置。

1.论述德育的内容

在《母育学校》中，夸美纽斯详细阐述了学前儿童的道德教育问题，强调必须在人生的头几年就奠定良好德行的基础。在德育内容方面，夸美纽斯强调让儿童学习有关德行的初步知识，其中特别重视节俭和勤劳等良好品质的培养。他认为节制和俭朴是健康和生活的基础，是其他一切品德的根本。在《大教学论》中，夸美纽斯引证并发挥了柏拉图的思想，提出了学校应培养的道德是："持重、节制、坚忍与正直。"

持重：即有理智。夸美纽斯认为："对于事实问题的健全的判断，是一切德行的真正基础。"他还引用微未斯的话说："人生不幸的事情无过于缺乏判断，以至把事实估计错了。"他主张儿童从幼年时起就要不断地练习，发展判断力，以便长大后成为一个有健全的理性的人。

节制：指要求儿童在饮食起居、游戏、谈话、工作等各方面要适量，"一切不可过度"。

坚忍：即要求儿童自我克制，能用意志力抑制不适时、不合理的欲望。夸美纽斯强调指出："我们应当使孩子们习于用理智去作一切事情，不要根据冲动的指挥。"因为人类是一种理性的动物，所以应当服从理智的领导，在动作之先应当仔细想：每种作为应该怎样去做，才能使他自己真正成为自己行为的主宰。

正直：即避免虚伪欺骗，坦诚待人，乐于为他人、为社会服务。[2]

2.提出实施德育的方法

在德育的实施方法上，夸美纽斯也提出了不少意见。具体为：

---

①克腊斯诺夫斯基：《夸美纽斯的生平和教育学说》，杨岂深等译，北京：人民教育出版社，1957年版，第328页。

②夸美纽斯：《大教学论》，傅任敢译，北京：人民教育出版社，1984年版，第179、181页。

预防：他指出："德行应该在邪恶尚未占住心灵之前，早早就教。"因为，"假如你不把良好的种子撒在地上，它便生不出别的东西，只会生出最坏的莠草"。[①]但是教师如果早做准备，对儿童加以良好的训练，则可杜绝邪恶的滋长。

榜样：要求教育者、父母、保姆及品性优秀的学生等儿童经常接触的人，为儿童树立"整饬生活的榜样"，教师也可在书本中选取典型，供大家仿效。但前者尤为重要。"因为孩子们和猿猴一样，爱去模仿他们所见的一切，不管是好是坏，甚至没有吩咐他们去做，也是一样；由于这个缘故，所以他们学会运用他们的心灵以前，先就学会了模仿。"[②]夸美纽斯认为诸多榜样中，教师的形象最重要，教师应是诚实、积极、顽强等德行的活的榜样。

实践：即在行动中练习。他认为"德行是由经常作正当的事情学来的"，因此，他要求如同在行动中求知和巩固书本知识一样，"从行走学会行走，从谈话学会谈话，从写字学会写字，同样，他们可以从服从学会服从，从节制学会节制，从说真话学会真实，从有恒学会有恒"。[③]

恩威并用：为了取得良好的教育效果，夸美纽斯主张对学生应有父亲般的慈爱。教师对学生既可利用赞扬、榜样等正面教育形式，必要时也应话语严厉，乃至进行训诫，两种方法相辅相成，运用得当，才会有显著成效。

教训与规则：为了补充与强化模仿，夸美纽斯认为，教师应从《圣经》与"哲人"的著作中收集"人生的规则"，供儿童执行。但他指出：教训与规则的内容主要是如何"反抗嫉妒""防备人生的忧患""节制快乐""控制愤怒"及"具有理智感"等。

（二）论体育与保健

在《大教学论》中，他专列一章（即第十五章，名为"延长生命的基础"），深入探讨了保健养生方面的问题。夸美纽斯提出了以下重要观点：

---

①夸美纽斯：《大教学论》，傅任敢译，北京：人民教育出版社，1984 年版，第 182 页。
②夸美纽斯：《大教学论》，傅任敢译，北京：人民教育出版社，1984 年版，第 183 页。
③夸美纽斯：《大教学论》，傅任敢译，北京：人民教育出版社，1984 年版，第 183 页。

为了过好现实人生，就应该使“一个健康的心灵”“存在于一个健康的身体里面”。对此采取的措施有：(1)使身体避免疾病与意外的侵袭。(2)过一种有规律、有节制的生活，包括遵守三个原则，即饮食有节制；身体有运动；以及按照自然的方式生活起居、休息娱乐。

应该有时间进行健身活动。在学校教育中，应有张有弛，将工作与休息分配得当。每天24小时可作如下安排：8小时睡眠、8小时工作，剩下的8小时则用于健身、进食及娱乐等活动。[①]

在《母育学校》一书中，夸美纽斯对幼儿的体育、保健也作了许多论述。总的来看，夸美纽斯的体育、保健理论还不够完善，而他未将体育正式作为教育的任务之一也是一个缺憾。然而，夸美纽斯的有关意见中仍有许多弥足珍贵之处，在历史长河中也具有承上启下的作用。半个世纪后，英国教育家洛克在其名著《教育漫话》中，正式将体育作为教育的主要任务之一，并首次对体育、保健理论作了详细阐述。《教育漫话》的开卷语是：“人生幸福有一个简短而充分的描述：健全的心智寓于健康的身体。”[②]这句话几乎就是对夸美纽斯原话的重复。

七、论学前教育

夸美纽斯非常重视儿童的早期教育，他强调幼儿教育要根据儿童身心发展的特点进行；从“泛智”论出发，提出对幼儿进行百科全书式的启蒙教育，以奠定儿童体力、智力和道德发展的基础。他还较为具体地论述了幼儿教育和小学教育的衔接问题。

(一)儿童观

夸美纽斯非常热爱儿童，把儿童比作“上帝的种子”，比作比金银珠宝还要珍贵的“无价之宝”，并警告那些欺侮儿童的人，要他们像尊敬上帝那样去尊敬儿童。夸美纽斯还把儿童比作一面镜子，在镜子里面，人们“可以注视谦虚、有礼、

①夸美纽斯：《大教学论》，傅任敢译，北京：人民教育出版社，1984年版，第89页。
②洛克：《教育漫话》，徐城、杨汉麟译，石家庄：河北人民出版社，1998年版，第3页。

亲切、和谐以及其他基督徒的品德”[①]。他从教育适应自然的原则出发，把儿童比作种子、嫩芽等，声称：“任何人在幼年时代播下什么样的种子，那他老年就要收获那样的果实。”[②]

为此，夸美纽斯呼吁父母都要承担起教育孩子的责任。他还指出：人比其他动物更高贵，对人不能像对待动物那样，只需注意身体的养护和外表的装饰，要更注意灵魂的塑造；要以教育去滋补、抚爱和照管其心智，施以全面的训练。

夸美纽斯依据儿童年龄特征，在《大教学论》中构筑了一个四级单轨学制，其中第一级从出生到6岁，儿童可进入母育学校。在夸美纽斯看来，每一个家庭都可成为一所学校，孩子的母亲便是主要教师。从普及教育的角度和儿童心理发展的连续性和阶段性的角度，考虑学前阶段教育的重大任务，夸美纽斯认为母育学校乃是前后衔接而统一学制系统的第一阶段，也是必不可少的阶段。他把为儿童奠定体力、道德和智慧发展的基础作为人生第一个阶段教育的主要任务。

（二）论学前教育的内容

1.论儿童的体育和保健

夸美纽斯在《母育学校》中引用一位作家关于“健康的精神寓于健康的身体”的忠告，提醒父母们首先要注意的重要事情是保持其子女的健康，宜从胎儿时期就加以注意。他强调孕妇的心理状态对于胎儿的影响，指出如果孕妇不注意控制自己的情绪，经常处于突然的恐惧、过度的愤怒或怨恨与感伤一类的不良情绪状况，就可能生育一个怯弱的、易动感情和沮丧的婴儿，严重时甚至可造成死胎。夸美纽斯还非常重视锻炼和娱乐对儿童身心发展的重要性，主张不要让儿童习惯于用药，要使他们的生活有规律并保持愉快的心情。他引用过几句格言：“一种愉快的心情就是一半的健康”“精神快乐是人的生命的源泉”[③]。

①任钟印选编：《夸美纽斯教育论著选》，任宝祥等译，北京：人民教育出版社，1990年版，第15页。
②任钟印选编：《夸美纽斯教育论著选》，任宝祥等译，北京：人民教育出版社，1990年版，第22页。
③任钟印选编：《夸美纽斯教育论著选》，任宝祥等译，北京：人民教育出版社，1990年版，第34页。

2.论幼儿的德育

夸美纽斯十分重视幼儿的道德教育,因为儿童生下来不是要做一头小牛或一匹小马,而是要成为一个有理性的人。他强调,必须在幼年生活中的头几年就奠定他们每种良好德行的基础,“成年时还未受过管理的,到老年就会没有德行”,儿女幼年未受到管教,以后就会使父母蒙羞。

在道德教育的内容方面,夸美纽斯强调要让儿童学习有关德行的初步知识,包括:节制、整洁、礼节、尊敬长辈、诚实、不损害他人、不嫉妒、落落大方和爱劳动。在上述一系列品质中,夸美纽斯特别重视节俭和勤劳等良好品质的培养。他认为节制和俭朴是健康和生活的基础,是其他一切良好品德的根本。夸美纽斯鄙视懒惰,称之为“撒旦的蒲团”,认为当一个人闲散、无所事事时,就会想入非非,进而干出不道德的行为。因此,一个有见地的儿童教育者的主要任务之一就在于不让任何人懒惰,甚至从儿童的幼年时起,就要用各种方法训练他勤勉地从事各项劳动。

道德教育的方法和手段主要有三种:训斥、榜样和练习。其中,练习尤为重要,宜多运用。例如,在吃饭、穿衣服和玩玩具的过程中练习整洁;在帮助他人的过程中练习助人为乐;在与人们的日常交往中练习礼貌等等。

夸美纽斯在倡导温和的纪律及积极的方法的同时,对中世纪以来家庭教育实践中广泛采用的体罚持反对态度,主张在万不得已时才使用鞭笞。

3.论幼儿的智育

夸美纽斯幼儿教育思想中最有特色的部分是智育。在西方教育史上,他第一次为6岁以下儿童的智育提出了一个广泛而详细的教学大纲。根据幼儿的年龄特点,夸美纽斯认为这一时期智育的主要任务是训练幼儿的外部感觉、观察力及获得各类知识,同时发展语言、思维,为他们以后在初等学校里的系统学习做好准备。

夸美纽斯为母育学校制定的智育计划包括:自然、光学、天文学、地理学、年代学、历史学、家务、政治学、辩证法、算术、几何学、音乐、语言等学科。他强调："应当把一个人在人生旅途中所当具备的一切知识的种子播植到儿童身上。"[①]夸美纽斯相信，通过这种启蒙性质的教育，可以为儿童奠定各门科学知识最初步的基础。

例如，在物理学方面，应该知道什么是火、空气和土，并且学会说出雨、雪、冰、铅、铁等名称；在天文学方面，应当辨别日、月、星；在地理学方面，应当认识他出生和生活的地方、乡村、城市、要塞或城堡。此外，还应当知道什么是时、日、周、月、年，什么是春、夏等。夸美纽斯对自然科学知识给予了高度重视，力图使儿童在获得有关知识的"种子"的同时，教会他们辨别和称呼那些东西，亦即发展语言。

夸美纽斯要求以易于理解的形式，使儿童认识历史、经济和政治的初步原理。具体做法是：要儿童记住昨天、今天、过去一年发生的事情；知道谁是自己家庭的成员，谁不是；具有关于各种政府官员（如市长和法官）的概念等。在学习社会知识时，夸美纽斯也力求使儿童能知、能言、能行。

夸美纽斯重视训练儿童的"体外感觉"及分辨外界事物的能力。其中，尤为重视视觉的培养。夸美纽斯受弗兰西斯·培根的唯物主义感觉论的影响，认为感觉是知识的主要源泉，所以为发展儿童的视觉、培养儿童的观察力，提出了相当细致的意见。例如，他建议在儿童2~3岁时，即向他们显示涂过颜色的东西，及看天空、树木、花朵和河流等。4岁后，为扩大儿童的视野，可带他们到户外去观察各种动植物，或欣赏书中的图画。夸美纽斯认为，通过不断扩展范围的观察，儿童的视觉和观察力会获得发展，也就会获得关于天文、地理和自然等方面的初步知识。发展体外感觉能力时，他强调要循序渐进。

（三）论学前儿童的游戏及玩具

在夸美纽斯的教育体系中，游戏得到了很高的评价，被认为是在母育学校时期对儿童进行全面教育的手段。

---

①夸美纽斯：《大教学论》，傅任敢译，北京：人民教育出版社，1984年版，第218页。

夸美纽斯从幼儿的年龄特征出发，强调多给幼儿活动的机会。他认为，儿童天性好动，他们血气旺盛，不喜静止，所以对儿童不应加以限制，而应让他们常常有事可做，像蚂蚁一样不停地忙碌。他甚至规定了这样一条原则：凡是儿童喜欢玩的东西，只要对儿童没有什么损害，那么就应该让他们通过玩得到满足，而不应加以阻止。因为儿童不活动比起不得闲，对身心两方面的损害更多。①夸美纽斯认为，给儿童以活动的自由有三大好处：一是可锻炼身体并增进健康；二是可以磨炼思想；三是可练习四肢五官，使之趋于灵活。

至于活动的方式，夸美纽斯认为游戏乃是最适合于幼儿的。他指出：游戏的时候，儿童的精神专注于某种事物，自然会激发他们去做事情。用这种手段，儿童就可以受到一种积极生活的锻炼而没有任何困难。但这并不是说儿童的父母可以让儿童自由玩耍，自己却袖手旁观；他们应积极行动起来，帮助和指导儿童游戏，甚至直接参与游戏，就像当年雅典的一位最高执政官施米斯塔克莱斯（Themistocles）以芦苇当马和儿子共骑那样。

夸美纽斯对玩具也提出了详细意见。他认为真的工具常会给孩子带来危险，所以必须找些可取代的玩具，例如，小的铁刀、木剑、锄头、小车、滑板、踏车、建筑物等。儿童也可以用自己所喜欢的泥土、木片、木块或石头搭起小房子，这样显示出他们建造房屋的一种初步建筑术。夸美纽斯还提议要为儿童的眼、耳及其他感官提供一些小作业，认为这些作业对增强他们的身心力量将会大有裨益。

从上述主张中，我们可以看到夸美纽斯提出了涉及游戏教育意义的一些重要问题：游戏是符合儿童天性的能量的散发；游戏是组织愉快、幸福童年的手段，是儿童生活所不可缺少的伴侣；游戏是儿童的一切力量和才能所借以发展

①任钟印选编：《夸美纽斯教育论著选》，任宝祥等译，北京：人民教育出版社，1990年版，第43页。

的重要智力活动，是扩大和丰富儿童观念的有力手段；游戏是生活的预备以及成年人领导或参与游戏的必要性等。夸美纽斯的这些思想在儿童游戏理论的发展史上有着重要的意义。

(四)论学前儿童的劳动教育和语言发展

夸美纽斯主张从小培养儿童的劳动习惯，让他们逐步获得劳动技能。例如，在儿童出生后的前 3 年应当学会倒水，把东西从一处移到另一处；学会卷起、展开、折弯、弄直、戳穿等。在儿童 4~6 岁时，应当从事手工劳动，包括各种建造活动。为了发展手的技能，夸美纽斯主张利用幼儿易懂的图画和习字，用粉笔或炭灰教他们画直线、弯钩、十字、圆圈，并建议这些课业用游戏的形式进行。

关于发展儿童的语言，夸美纽斯认为首先必须教会他们清楚、准确地发出字母、音节和全字的声音，然后说出他们在家中所见的以及作业用的一切东西的名称。夸美纽斯也建议采用游戏的方式来发展语言。母育学校除了培养儿童正确使用本族语说话的技能外，还应奠定思维发展的基础。他认为这个阶段的儿童已表现出这一方面的萌芽。

(五)论学前儿童的集体教育

夸美纽斯在《母育学校》中也强调了幼儿集体教育的必要性。他认为，同龄儿童在态度和思维方面的进步是相同的，他们能比成人对儿童的教育更有效地促进智力的发展。在他们中间，既没有某个儿童对其他儿童施加控制，也没有强制，更没有恐怖。相反，有的是情感、公正以及对所发生问题的自由讨论。所有这一切，都是成人对待儿童时易掉以轻心之处。由于同龄儿童可能比其他任何人更宜于提高伙伴的才能，所以每天都应让他们聚集在一起追逐嬉戏。

在夸美纽斯晚年的作品《泛教论》中，他的学前儿童集体教育的思想开始发展为提倡建立以 4~6 岁幼儿为对象的“母亲督导的班，第一个共同和积极的教学班”，这是“一种特殊的半社会学校”，是为邻近的孩子们而开设的。在那里，孩子们在各自母亲的照管下，相互交往，共同游戏、唱歌、数数，培养良好的习惯和信仰；在尚未进行读写的时候，锻炼情感和记忆。夸美纽斯的这一构想为约一个半世纪后问世的幼儿社会教育机构提供了思想资料。

（六）论学前教育与初等教育的衔接

夸美纽斯还详细论述了儿童应在何时入小学以及入学前应做些什么准备的问题。他认为，儿童6岁前入学是不合适的。一方面，稚龄儿童需要更多的监护和照顾，这远非一位教育许多儿童的小学教师力所能及的；另一方面，5~6岁前的幼儿，头脑还没有定型，故对于该年龄的儿童来说，使其在游戏中自然地、不自觉地感知事物，足矣。

6岁以后的儿童，若非把他们立即送入学校受较高一级的教育，他们将会始终如一地变为有害无利的懒散，而最终将变得像一匹野马。另外，还会有令人更担心的事发生，就是从那不注意的懒散中沾染恶习，这会像毒草一样，以后是很难连根拔掉的。

考虑到儿童的发展存在差异，夸美纽斯提议，任何人一旦有一个异乎寻常的儿童，他就应该去请教教师或学校的督学。而判断一个儿童是否适宜进入公共学校的标志有三点：(1)该儿童是否真正获得在母育学校应学会的东西；(2)他对问题是否有注意和辨别、判断的能力；(3)他是否有进一步学习的要求或愿望。

夸美纽斯指出，父母没有准备就将其子女送往学校是不智之举，教师将会为这样的孩子所困扰。更糟糕的是，一些父母所做的错误准备。这些父母用对教师和学校的恐惧惊吓、刺激儿童，其结果是使儿童沮丧，对学校和教师持有更加憎恶和奴隶般恐惧的情绪。他指出，正确的做法应是：第一，在儿童接近入学的时候，父母、家庭教师和监护人应当以快乐的心情尽力鼓舞儿童，好像节日和收获葡萄季节快到时那样，要告诉儿童入学获得学问是何等美好的事情。第二，应当努力激发儿童对于未来教师的信心和爱戴。

（七）论父母教育指导书和儿童教材

夸美纽斯在《大教学论》第二十八章中，专门讨论了幼儿父母教育指导书和儿童读物的同题。他认为，要想帮助父母和保姆有效地教育好孩子，必须考虑为他们编写一部手册。手册应包括以下内容：(1)父母及保姆的教育责任；(2)儿童应当学习的各种科目的教导大纲；(3)教学方法，主要是指教导每一种科目的最合适的时间和灌输它们所采用的最佳言语和姿态。夸美纽斯的上述思想在其幼教专著《母育学校》里作出了详尽的阐述。

夸美纽斯还认为，应当为儿童编写一本可直接供其观赏的图画书。他已意识到，在幼儿阶段，教育的主要媒介应当是感官的知觉，而视觉又是感觉里面最主要的一种，所以应把各门学问中最重要的事物以图像的形式输送给儿童，包括物理学、光学、天文学、几何学等知识。这本书还应当画出高山、低谷、树木、鸟、鱼、马、牛、羊和各种年龄、高度的人们等。总之，图画书中的内容正好和《母育学校》中提出的教学大纲相对应，可以配套使用。

夸美纽斯也重视儿童语言的发展。他提出每张图画的上端应写出它所代表的物体的名称，如"房子""牛""狗""树"等。夸美纽斯认为，这种图画书有三个用处：(1)帮助事物在儿童心理上留下一个印象；(2)使孩子们养成一种观念，认为从书本上可以得到快乐；(3)帮助儿童学习阅读，掌握语言文字。[①]

综上所述，夸美纽斯对学前教育的贡献主要表现为：详细论述了幼儿期教育的意义；首次深入"研究了在家庭条件下学前教育的完整体系，规定了它的目的、内容和基本方法"[②]；历史上第一次把学前教育纳入其充满民主色彩的单轨学制；撰写了历史上第一部幼儿教育专著《母育学校》，以及与其配套的亦可堪称历史第一的看图识字课本《世界图解》。

---

①夸美纽斯：《大教学论》，傅任敢译，北京：人民教育出版社，1984年版，第229页。

②沙巴也娃主编：《教育史》，邰爽秋等译，北京：人民教育出版社，1955年版，第69页。

夸美纽斯的幼儿教育思想影响深远。不仅在他之前,甚至在他之后的近200年间,没有一个人对学前教育作过当时条件下所允许的系统研究,更没有人写过全面论述学前教育的专著。

《世界图解》是夸美纽斯所编众多教材中对后世影响最大的一部。自该书于1658年正式出版后,被迅速译成欧洲各国的文字,流行达200多年之久,启迪了一代又一代的幼儿。歌德在其自传里称此书为他童年时代"唯一的一本书"。夸美纽斯所提出的要求适应幼儿的认识特点与他们编绘图画教材的观点及《世界图解》的成功范例也为后人所接受和仿效。如18世纪德国泛爱主义教育家巴泽多(J.B.Basedow)仿效夸美纽斯的原则编写了一本《童蒙读本》,被人们称作是"18世纪的《世界图解》"[①]。当代儿童心理学的研究成果进一步证明了夸美纽斯有关思想的合理性和正确性,如皮亚杰和维果斯基都把幼儿以自我为中心的语言占主导地位的直观思维期看做是向逻辑思维过渡的时期和表象思维的时期。因此,对幼儿来说,直观教材具有丰富词汇、增强表达力、活跃形象思维、利于培养逻辑思维能力。今天,儿童看图识字的出版物已普及到千家万户,追本溯源,它们实滥觞于《世界图解》。

八、论教师及其培养

(一)对教师提出严格要求

夸美纽斯基于对教育的深刻信念,对教学中居于主导地位的教师的作用估价甚高,并对教师提出了许多严格的要求。

1.每一位教师应了解自己在社会中所承担的重要任务,并充满自尊心。

2.教师应该对教育对象充满信心。夸美纽斯指出,一个懂得教学艺术的教师"容易把一切事物刻画在人心上"[②]。由于人心没有限度,因此,教师"可以不断书

①E·P·克伯雷选编:《外国教育史料》,武汉:华中师范大学出版社,1991年版,第490页。
②夸美纽斯:《大教学论》,傅任敢译,北京:人民教育出版社,1984年版,第31页。

写、不断雕镂”，永无止境。他曾列举过6种不同类型的儿童，认为教师只要教育得法，都会收效。

3.教师应为学生树立良好的榜样。即要求教师要以身作则，身体力行，身教重于言教。他提出教师应是诚实、积极、顽强、活生生的榜样。只有这样，教师的工作才可能收到事半功倍的效果。

4.教师要对学生显示出“父亲般的慈爱”。即具有严格意味的爱或恩威并用。他认为教师在与学生相处时，赞扬及忠告、劝诫、谴责都可运用。但是，即使话语严厉，他的本意也应是为了学生好，而不是蓄意压制或折磨学生。他反对在教学中施用暴力，他指出应该让学生明白老师的良苦用心，如果学生不明白或不完全相信，“他是会轻视一切纪律，存心反对纪律的”①。因此，夸美纽斯建议，应该使用技巧将印象印在悟性上面，否则，我们的教鞭就不会发生效力。

5.善于掌握儿童的心理，因材施教。夸美纽斯的有关意见，我们已在前面的因材施教原则中作了介绍。他认为，由于许多儿童在学习各门功课上能力常有显著差异，故教学一定要顺应儿童的天性，不应使任何一个儿童的智力受到压抑，导致厌恶学习。

6.要掌握教育技巧。夸美纽斯指出：“教师应该知道一切可以使悟性变敏锐的方法，应当熟练地应用那些方法。”②他还说到，一个教师如果懂得教学艺术，很容易把学生造就成人；如果不成功，不归咎于学生，而要归咎于教师的无知与无能。在《大教学论》中，夸美纽斯就对此作了深入的探讨。

（二）论课堂教学

课堂教学是教师工作的中心环节。在夸美纽斯的时代之前，欧洲的学校实行个别教学，班级授课制在宗教改革后才出现。在对全班学生集体授课的情况下，

---

①夸美纽斯：《大教学论》，傅任敢译，北京：人民教育出版社，1984年版，第217页。

②夸美纽斯：《大教学论》，傅任敢译，北京：人民教育出版社，1984年版，第99页。

如何上好课是一个新的问题。在此问题上，夸美纽斯除了向他人借鉴外，也总结了自己的经验。

1.注意：夸美纽斯认为，上好课的关键是抓住学生的注意力。“有了注意，学习的人才能保持他的心理，不跑野马。”因此，如果教师想用知识去启发一个处于无知中的学生，那么，首要的任务便是“激起儿童的注意”，使他能用一种贪婪的心理去吸取知识。他把教师的嘴比喻为“源泉”，学生的耳朵比喻为“水槽”，源泉开放时，水槽要在下面接着，一点也不准流跑。他还说，除非全体学生都在静听，否则教师决不可施教；教师不应对风说话，应对人的耳朵说话。

2.教师语言：教师的教学语言要朴实、准确、流畅，不要哗众取宠，夸夸其谈，故作惊人之语，也不可晦涩难懂，佶屈聱牙。

3.教学过程：教学要从原因到结果，也可从一般到个别。以通过归纳、演绎等方法，揭示事物的本性。

4.教学方法：应让学生明白事物的差异，为此可采用分析综合的方法。这样获得的知识才会更加清晰、明白、准确。

5.课堂上对教师的要求：为了上好一堂课，夸美纽斯还对教师提出以下具体要求：教师要站在高台上俯视全班，严密掌握学生动向；开始任何新的科目的时候，能用一种吸引人的方式向学生提出问题。夸美纽斯说，学生如对课程一无所知，但又好奇，则自会产生学习与精通的热情。教师在教学中要介绍一些有趣、实用的知识，以激发学生兴趣。在一切可能的时候都去利用感觉，尤其是视觉，以帮助注意；在讲课中，时时让学生重复教师刚才所说的话，责备不用心的学生；假如一个学生不能回答教师的问题，就问另一个人，直到所有人；表扬回答得好的学生；功课完毕后，要让学生有提问的机会。①

在班级授课的情况下上好一堂课，涉及许多因素。夸美纽斯以上所说的意见

①夸美纽斯：《大教学论》，傅任敢译，北京：人民教育出版社，1984年版，第141—142页。

侧重于如何抓住学生的注意力,也许并不十分全面,但确属经验之谈,具有一定的借鉴意义。

(三)论教师的培养

在古代西方,总的来看,教师尤其是小学教师的社会地位及素质十分低下,从未形成正规的教师培训制度。柏拉图在《法律篇》中指定应由外国人来从事初等教育。罗马学者卢西安声称:没有一种惩罚比起因穷困所迫而到小学执教更令人沮丧。因为罗马小学(通称"基础学校")教师的报酬远低于普通工匠的收入。到了夸美纽斯生活的17世纪,这种状况仍未改观,当时相当多的小学教师是由教堂的低级神职人员,甚至是由教堂的差役乃至残废军人、鞋匠等来担任的,将教书作为其谋生的辅助职业。教师地位之窘及素质之差不难想见。

夸美纽斯基于其对教育作用的重视,同时也明显受到马丁·路德等人重视教师工作观点的影响,强调了教师工作的崇高,提出了"太阳底下没有比教师更优越的职业"[①]这一激动人心的名言。但目睹教师的现状,他不无感慨地说:"我们非常缺乏有方法的、能主持公立学校并能产生我们所望的结果的教师。"[②]甚至抱怨说,他煞费苦心编写的教科书,在大多数地方缺乏适当的教师去掌握运用。显然,当时教师素质的普遍低下极大地阻碍了他所理想的教育的实施。夸美纽斯在《大教学论》中之所以夸大教师的作用,如他提出一所学校,至少一个班只需一个教师,一个教师可同时教几百个学生,乃至设计出"十人长"制,以及赋予十人长以如此之多的职责,恐怕都与当时合格教师的稀少有关。鉴于此,他一方面提议大学的主要任务之一是培养教师(值得注意的是:他所规定的大学须培养教师的任务是与大学须培养学者及领袖人物的任务是相提并论的),足以反映了他对教师培养的重视;同时为了更有针对性地、行之有效地培养出合格教师(特别是小学教师),他在《大教学论》中提议设立"学校之学校"(School of School)或"教学法学院"(Didactic College)来专门从事师资培训,并指出这类学校如能设立,"那种好处是无待指陈的"。[③]虽然夸美纽斯对于师范学校,即他所提倡的"学校

①米丁斯基:《世界教育史》上册,叶文雄译,北京:三联书店,1950年版,第159页。
②夸美纽斯:《大教学论》,傅任敢译,北京:人民教育出版社,1984年版,第254页。
③夸美纽斯:《大教学论》,傅任敢译,北京:人民教育出版社,1984年版,第246页。

之学校”或“教学法学院”的具体操作办法语焉不详，但这一提议不啻为石破天惊，开创了近代师范教育的先声。

还应指出的是，在夸美纽斯提出上述建议半个世纪后，即1672年，一个叫德米亚（Demia）的基督教兄弟会神父在法国里昂创立了近代欧洲第一所教师培训学校（Training School for Masters），将夸美纽斯的构想付诸实施；继后，德国虔信派牧师弗兰克（Francke）于1696年又在哈勒创办了德国第一所师范学校。近代师范教育的较大发展则在19世纪以后。师范教育的发展及制度化，对于提高初等教育质量的意义是毋庸赘言的，在对近代师范教育追根溯源时，我们则不能不回到夸美纽斯。

总之，作为历史上一位杰出的教育家，夸美纽斯无论在教育理论还是在教育实践上都作出了不朽的贡献，并具有深远的影响。这些贡献及影响主要表现在以下几方面：

1.他具有民主主义、人文主义以及唯物主义的进步思想，尊重人权，热爱儿童，企图打破阶级、等级及教派的畛域，普及教育、普及科学文化。泛智论的提出是上述思想的集中体现之一，代表了一位站在时代前列者的远见卓识，并给后人以诸多启迪。

2.他对教育的作用、教师的作用和人接受教育的广泛可能性持有深刻的信念，并作了深入的论证。他强调，施教事物和教材的编排均应适合于儿童的年龄和心智能力，“教育是‘内发’的思想”实为后世卢梭、福禄培尔、蒙台梭利等教育家倡导的内发论思想的先驱；而他将人心比作“白板”“蜡块”，以及通过感觉获取知识的观点也为后来洛克、赫尔巴特等倡导的“白板”说及外铄论的教育观提供了先导。

3.他努力探讨教学工作规律，善于总结前人和自己的经验，并使之上升到理论；以泛智论及自然适应性为指导，针对时弊，他提出了改革旧教育的课程体系及一系列教学工作原则和方法，从而奠定了近代教学理论的基础。在教科书编写及分科教学法领域，他也作出了独特的贡献。

4.他拟定了历史上第一部完整的从学前到大学的单轨学制，晚年更发展成为一个从优生教育到死亡教育的系统的终身教育体系，从而成为近现代单轨学制及终身教育的先驱者。

5.他推进了学校内部工作制度的发展，创立了班级授课制、学年制，提出了系统的学校管理制度及督学制，从而大大推动了学校运作的规范化，堪称学校管理学的创始人。

6.他首次将学前教育纳入学制，是历史上第一部学前教育学的作者及第一部看图识字教材的编写者及倡导者，对学前教育的发展厥功甚伟。

7.在德育、体育及师范教育等领域内，他也进行了认真的探索，提出了许多有价值的见解。

8.他热爱教育事业，不屈不挠，毕生为之奋斗，堪称一代师表，万世楷模。

由于夸美纽斯的卓越贡献，德国教育学者劳默尔（Karl von Raumer）在其著名的《教育学史》（History of Pedagogy，1842）中称他是“教育科学的真正奠基人”。19世纪末，有人在评论夸美纽斯时也指出：“就其思想之深邃，见识之卓越，涉及领域之广泛乃至实践经验之丰富及其理论的可行性而言，在所有撰述教育论著的作者中均是无与伦比的。”20世纪20年代，美国教育史学家克伯雷更明确地指出：“夸美纽斯在教育史上居于首屈一指的地位。”

然而，夸美纽斯远非完人。他作为新旧交替时代的一位历史人物，可以说身体的一半（甚至一大半）已沐浴在新时代的阳光下，然而另一半却依然被旧时代的阴影笼罩，因而新旧痕迹奇特地在他身上交织着。他的世界观和教育观具有宗教神学色彩，充满了形式与实质的矛盾。他往往在宗教的外衣下来阐述自己的新思想。由于夸美纽斯在他的著作中采用了许多宗教语言，因此过去也有些学者认为夸美纽斯的思想是保守的，有的甚至指责他“在理性主义不断上升的年代，仍将捍卫基督徒的信仰放在首位”[①]。尽管这一结论并不妥当，但毫无疑问，

①James Bowen，*A History of Western Education*，Vol 3，Methueh &Co.Ltd，1981：84.

宗教神学色彩浓厚确实是夸美纽斯教育理论的一大缺陷(虽然有其特定的历史原因)。此外,他的局限性还表现在:不能正确理解社会现象和人类自身,不懂得教育的社会性与阶级性;他对劳动人民虽然深刻同情,但对他们受苦受难的根源并不理解,因而幻想依靠教育去改变世界,这在当时是注定要失败的。

夸美纽斯生活的17世纪上半期是一个社会动荡、教派对立、战祸绵延的历史时期,不是可供一个雄心勃勃、情绪高昂、思想解放的教育改革家施展身手的年代。其结果是,夸美纽斯倡导的极富远见,具有强烈民主主义色彩的教育方案犹如流星划过夜空,在发出一道炫目的光彩后就湮没在无边的夜幕中了。在他逝世后的近两个世纪中,尽管他编辑的教科书仍在不断流传,在某些方面也产生了一定的影响,但总的来说,很少有人对他的思想进行认真的探究及推广,他的民主色彩极浓的教育理论及教育方案显然不符合资本主义制度确立初期的当权者的口味。

直至19世纪中叶后,在资本主义各国普及教育的高潮声中,通过德国教育家的宣传,他的教育思想才重新引起人们的重视,并得到高度评价,从而确立了他在教育史上应有的崇高地位。

第三章

感悟箴言

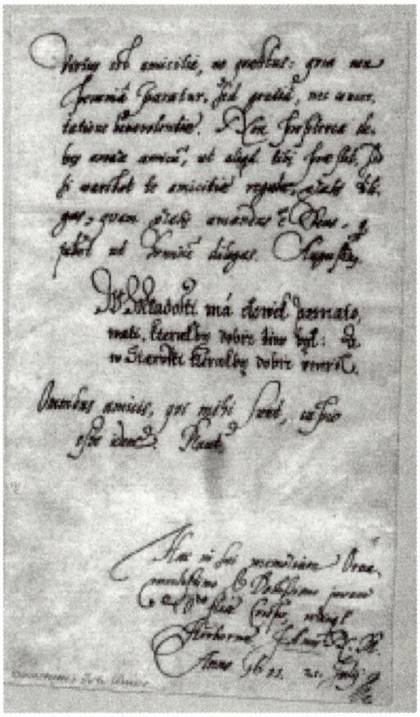

1611 年夸美纽斯现存手稿,用拉丁语和捷克语书写

一、论人

人是造物中最崇高、最完善、最美好的。①

在教育家夸美纽斯眼中，人是伟大的、神圣的，是万物中最完善、最美好的，具有最崇高的位置。这让笔者想起古代哲学家荀子的一句话："人最为天下贵。"相比没有生命的水气，有生命却没有任何知觉的草木和有知觉却没有人性的动物，人类具有其他物类所没有的属性。因此，人是世上最伟大、最尊贵的。夸美纽斯的这一言论与荀子的现实是相通的。它要求我们在看待人时，不能庸俗地将人视为工具，而应怀以崇敬的目光对待身边的每一个人。因为每一个人都是崇高的、伟大的，不管他是一名清洁工，还是一名普通的乡村教师。从表面来看，他们的确很平凡，但往往平凡中孕育伟大，而伟大中也常常折射着平凡。其实，平凡本身就是一种美。我们现在讲"以人为本"，可以说，夸美纽斯的这句话就是最好的注解和说明。"以人为本"就是要把人看作人，把人看作是最完善、最美好的；同时，把人看做是最崇高的。在这个世上，再也没有比人更崇高、更伟大的了。因此，教育也好，社会也罢，要积极地探寻实现人、完善人的途径和方法。对于一名教育工作者而言，就是要把身边每一位学生看做是最完善、最美好的，将每一位学生置于心中最崇高的位置。只有这样，才能真正实现"一切为了学生，为了学生的一切，为了一切学生"的教育宗旨。因此，夸美纽斯在《大教学论》第一章的结尾又进一步重申："愿这不是刻在庙宇的门上，不是刻在书籍的封面上，不是刻在一切人们的舌上、耳里与眼里，而是刻在他们的心中！"的确如此！把人看作世间最崇高、最完善、最美好的物类，不应只是一句口号，更不应该成为一个标语，而应该内化到心底，成为一种信仰、一种行动。

人的终极目标在今生之外。②

---

①夸美纽斯：《大教学论》，傅任敢译，北京：教育科学出版社，1999年版，第一章第1页。

②夸美纽斯：《大教学论》，傅任敢译，北京：教育科学出版社，1999年版，第二章第3页。

乍看这一结论，好像教育家夸美纽斯在宣扬来世论。但仔细品味才发现，夸美纽斯的这一结论，实际上是在教导人们要树立一个更高的人生目标。换句话说，就是要有一个“形而上”的追求，而这个追求是永恒的，如同追求人类的幸福和完善。马克思青年时期就曾在一篇名为《青年在选择职业时的考虑》的文章中这样写道：如果我们选择了最能为人类造福而劳动的职业，我们就不会为它的重负所压倒，因为这是为全人类所做的牺牲，那时我们感受到的将不是一点点自私而可怜的欢乐，我们的幸福将属于千万人，我们的事业并不是显赫一时，但将永远存在，而面对我们的骨灰，高尚的人们将洒下热泪。所以，对于一个人来说，要树立一个值得追求的目标，并为这个目标而奋斗。只有这样的人生才是有意义的。那些，只看重现世的财富、荣誉的人；那些，只顾眼前不顾长远利益的人，在夸美纽斯眼里是多么的可怜和卑微！因为人与其他物种的本质区别就在于人注定要追求一个更高的目标。可见，在一个教育家的眼里，重要的不是今生的遭遇和快乐，而是今生之外的追求。

> 今生既然另有它的目的地，所以（严格说来）根本不是一种人生，而是一种真实永久的生存的序幕……同样，世间的生活也只是永生的一种预备，它的目的是使灵魂利用身体作中介，去为未来的生活预备各种有用的事情。①

既然我们追求的不仅仅是现世的幸福，那么相对于来世而言，今生只是一种预备。大教育家夸美纽斯给我们的教导是，把今生看作一种准备，并时刻为未来准备着。细细品味，这不正是我们教育的目的所在吗？我们传授知识、教导做人，不正是为孩子们的未来做好准备吗？不正是为祖国的未来培育希望吗？不正是为社会主义现代化建设储备人才吗？同样，这句格言对于我们教育工作者也是适用的。我们每一位教育工作者也要学会为未来生活准备各种有用的事情，学习各种有用的知识。我们经常说：“给学生一杯水，教师应有一桶水。”然而，现在社会发展日新月异，一桶水也远远不能满足学生求知的愿望，因此，对于教师而言，要像水龙头一样，做到长流水。这就要求我们每一位教育工作者要树立一种准备观、预备观，不断学习，永无停息地学习，像孔子那样学而不厌，诲人不倦。也只有这样，才能培养出爱学、好学的学生。

①夸美纽斯：《大教学论》，傅任敢译，北京：教育科学出版社，1999 年版，第三章第 7 页。

> 一切生而为人的人，生来都有一个同样的目的，就是他们要成为人，即要成为理性的动物，要成为万物的主宰及其造物主的形象。[1]

人生在世，到底为了什么而生，恐怕是几千年来无数哲学家、思想家苦思冥想的东西。教育家夸美纽斯给我们提供了答案，尽管这一答案并不一定很完美，或许带有一定的时代局限性，但不妨碍它的价值。[2]夸美纽斯认为，成为人是一切生而为人的共同目的。这就是说，虽然人有种族、年龄、国别、分工等方面不同，但在成为人这一目的上是一致的。对于成为什么样的人，夸美纽斯认为应该成为理性的人。所谓“理性的人”就是理性的、道德的、主动的，因而是文明状态的人。“理性的人”是对“感性的人”的超越，所谓“感性的人”就是自然的、物质的、被动的、蒙昧状态的人。因此，欲成为人，就要超越感性，成长转变为理性的人。只有这样的人，才能成为万物的主宰及其造物主的形象。

仔细品味这句话，教育家夸美纽斯是想告诉我们，既然要成为人，就要学会理性地思考，理性地对待生命、对待人生。只有这样的生活方式，才是符合做人要求的。我们经常说，做事要冷静，不要冲动，冲动是魔鬼，就是这个意思。不管做事情还是遇事，只要开动大脑，运用理智多想一下，事情或许就会发生根本性的改变。对于教育工作者来说更是如此。我们的使命是教导学生成人，成为理性的人，而我们自己必须先成人，成为理性的人，只有身体力行，做出榜样，才能为学生所效仿。

> 人要成为一个理性的动物，就要唤出万物的名字并推考世间的一切事物，如同我们在《创世纪》第二章第19节所见的，或如所罗门所说(《智慧篇》，第七章)，要知道世界的构造和各行运行的潜力；要知世间的始末和中间；要知太阳运转与季节的变换；要知年岁的运行与星辰的位置；要知生物的个性与

①夸美纽斯:《大教学论》，傅任敢译，北京：教育科学出版社，1999年版，第九章第37页。

②马克思认为，人与动物的区别不在理性，而在于人的活动方式是劳动，人的本质体现在实践和劳动，人在群体之中形成的独特的生存方式就是劳动。显然，夸美纽斯的这一论断还受到当时时代的局限。

野兽的凶猛；要知风的暴烈与人类的思想；要知植物的种类与草根的效能。总而言之，要知一切阴暗或明显的事。①

人要成为人，尤其是成为一个理性的人，有很多途径和方法，其答案也是多维度的。然而，教育家夸美纽斯却从认知万物的视角给我们以解答，不能不说是一个颇有新意的回答。首先，要成为一个有理性的人，就要唤出万事万物的名字，并以此来推理世间的一切事物。这里包含两点内容，一是认知世界，这是理性的人必备的前提。但具有这个前提还不够，还必须依此逻辑来推演万事万物的运行规律。只有把握了世间万物的客观规律，才能说真正具有理性。其实，就是马克思主义所指出的认识客观事物的根本规律，并且充分发挥人的主动性，运用这些规律，自觉地按照这些规律办事。

联系到我们教育工作者，要想成为一个具有理性的教育工作人员，不但要去认识我们的对象，知道学生的名字及性格特征，还要研究学生自身的成长规律。只有这样，才能真正成为具有理性的教育工作者。那些只会照本宣科的教育者，很难称得上具有理性；那些只会研究书本，不会研究学生，不懂学生自身成长规律的人，也不能称得上理性。唯有那些既能充分认识学生，又能按照学生自身规律教学的人，才能真正称得上具有理性的教育者。

永生的预备有三个阶段：知道自己（并知万物），管束自己……②

大教育家夸美纽斯认为，作为一个理性的人，不但应该认识万物，推演万事万物之间的逻辑，还应该管束自己。其实，所谓的管束自己，就是运用自己的理性，知道哪些事是可为的，哪些事是不可为的。西方有句谚语说：“人一半是野兽，一半是天使。”恩格斯也曾指出：“人来源于动物界这一事实已经决定人永远不能完全摆脱兽性，所以问题永远只能在于摆脱得多些或少些，在于兽性或人性

①夸美纽斯：《大教学论》，傅任敢译，北京：教育科学出版社，1999 年版，第四章第 10 页。
②夸美纽斯：《大教学论》，傅任敢译，北京：教育科学出版社，1999 年版，第四章第 10 页。

的程度上的差异。”[①]因此，真正理性的人，就要通过管束自己，将自己身上的兽性降到最低，最大限度地发挥出人性的一面，从而更好地远离“自然人”。这是从人性方面进行自我约束。同时，还要从法律、制度、规章等方面进行约束，只有这样，才能真正成为一个“社会人”。总之，要从内、外两个方面进行自我约束，一方面提高自身的素养、觉悟，从内心深处约束自己；另一方面通过增强法律意识、制度意识、规则意识，从外在约束自己。

感悟夸美纽斯的这句话很质朴、很自然。然而，真正能做到管束自己的又有多少呢？现今市场大潮涌动，很多教育工作者也跟着蠢蠢欲动，禁不住金钱、名利的诱惑，在外面搞兼职、做培训，从事有偿家教。这一切，都背离了教书育人的基本职责，将无私的奉献变成了一种营利手段。因此，管束自己，说起来简单，做起来却很难。

这三者（学问、德行与虔信）的种子自然存在在我们身上。[②]

对人的自信是夸美纽斯教育思想的一大特色。夸美纽斯认为，在我们每个人的身上都存有学问、德行和虔信的种子，并且这些种子是自然地存在于我们身上的。因此，教育工作者的使命就在于去挖掘这些种子，让学问、德行与虔信的种子生根、发芽，并茁壮成长。

一直以来，在教育界有这么一种说法，就是“没有教不好的学生，只有不会教的老师”。会教的老师，能想方设法去挖掘学生身上潜存的知识、德行的种子；不善教的老师，总是在抱怨学生天性愚笨，不可教化。可见，在后一种老师的思想深处没有树立起“孺子可教”的思想。因此，从夸美纽斯这句话，我们应该感受到作为一名大教育家，首先应该坚信教学的对象具有这种潜质，也就是天生具有学习知识、品性培养和虔诚养成的能力。而这些都是人天生就具有的能力，就看自己能否挖掘出来。

---

①《马克思恩格斯选集》第三卷，北京：人民出版社，1995年版，第442页。

②夸美纽斯：《大教学论》，傅任敢译，北京：教育科学出版社，1999年版，第五章第13页。

夸美纽斯认为，知识、德行与虔信的种子天生在人的身上，这一观点意味着每一个人都具有发展和认识的潜能。然而，要使这些种子发芽，获得实际的知识、德行与智慧，人们必须诉诸祈祷、教育和行动。由此他明确提出，只有受过恰当的教育之后，人才能成为一个人，人受教育的最佳时期是青少年时期。那么，究竟该由谁来负担教育儿童的责任呢？本来使自己负责的生命成为理性的、有德行的和虔信的，这是父母最自然的责任。但是，由于人类职务和人类数目的增加，很少有人有充分的知识或充分的闲暇去教导自己的子女，因此就兴起了专门教育儿童的学校。当时，学校教育远没有达到普及的程度。但是，夸美纽斯已经提出了普及教育的要求，他建议每一个秩序良好的社区都应该设立学校。除了父母没有充分的知识和充分的闲暇这一原因之外，夸美纽斯还提出设立学校，使儿童集中接受教育的其他好处：即使父母有时间教育自己的子女，但是青年人最好还是一同在大班级里接受教育。因为把一个学生作为另一个学生的榜样，可以产生更多的结果与快乐。骏马有敌手的时候要比追随先导马的时候跑得更快，也是它跑得最快的时候。尤其是对儿童来说，用榜样比用训条更容易管束。这些教育思想无论在当时还是在现在都具有非常重要的价值和意义。

人最容易在少年时期去形成，除了这种年龄就不能形成得合适。①

这句话让我想到中国的一句谚语："三岁看大，七岁看老。"年少时，人最容易塑造，而过了这个时候人的性格往往就很难改变。人们常说："江山易改，本性难移。"说的或许就是这个道理。其实，这样的论断并非没有科学依据。据美国的一项最新研究显示，人的性格在童年时期的早期就能形成，从六七岁孩子身上可以预测出他成年后的一些行为。这样，再来看教育家夸美纽斯的这句话，其教育意义就非常大了。培养人如同种树，都有最适合的时期，错过了这一时期，纵使再多努力，都无济于事。因此，作为教育工作者，我们更应该关注每一个孩子的少年时期。少年已逝，人不少年。一定要让每一个孩子珍惜少年时代，立下报国济世的宏伟志向。

①夸美纽斯：《大教学论》，傅任敢译，北京：教育科学出版社，1999年版，第七章第29页。

正如《新三字经》所言:“少年时,宜立志,为安民,为济世。”然而,我们也应该认识到,少年时期易于塑造,同时,也很容易沾染恶习,受到来自社会各个方面的熏染。因此,必须格外关注,加强青少年的教育,让每一个孩子都能够成为有用之才。

人心的能量是无限的,它在知觉方面像个无底的深渊。①

在纸上,书写要受空间的限制,而人心则不然,你可以不断书写,不断雕镂,不会有止境,因为我们已经说过,人心是没有限度的。②

相信人具有无限的潜力,是教育家夸美纽斯的信条。其实,这也应该成为每一位教育工作者的信条。只有相信学生是可教的,在知觉方面具有无限的认知能力,才能想方设法地去教好每一位学生。如果没有这种信念,而是一上来就先入为主地将学生列入“孺子不可教”的行列,那就无论如何也教不好他们。教师之所以抱怨学生不好教,教不好,其实不在于学生自身有无这种潜质,而在于我们的方法和评价标准。如果单以成绩来判断学生,实际上是给老师套上了“紧箍咒”,让他们陷入了困境,而无法更好地去挖掘学生其他方面的潜质。这样,就很容易让老师早早地下结论,而忽视了学生是可以塑造的、可以发展的。因此,问题的关键还是要改变狭隘的观念,将学生看作一个具有无限潜力的、具有可塑造性的人。而这正是科学发展观的核心“以人为本”在教育方面的贯彻和落实。

《国家中长期教育改革和发展规划纲要(2010—2020年)》(简称《教育规划纲要》)强调,要把育人为本作为教育工作的根本要求。要关心每个学生,促进每个学生主动地、活泼地发展,尊重教育规律和学生身心发展的规律,为每位学生提供适合的教育。而实现育人为本这一根本要求的前提是必须相信学生,相信学生具有无限的潜力。

---

①夸美纽斯:《大教学论》,傅任敢译,北京:教育科学出版社,1999年版,第五章第14页。
②夸美纽斯:《大教学论》,傅任敢译,北京:教育科学出版社,1999年版,第五章第17页。

事实上，人不过是身心两方面的一种和谐而已。因为世界本身就像一座大钟，这座钟有许多转轮与铃子，并且组合得很巧妙，全钟的各部分互相依靠，使转动持续与和谐；人也是这样的。①

人的本身不是别的，只是一种和谐而已，它像一个精巧的工匠所制的一座钟或乐器一样，倘若破了，坏了，我们并立刻宣布它已没有用处（因为它还可以匡正过来）；所以，对于一个人，我们可以说，不管他因犯了罪恶以致损坏得多么厉害，靠着上帝的仁慈，利用某些方法，他是仍旧可以恢复和谐的。②

对和谐的呼吁与倡导，是教育家夸美纽斯教育思想的一大特色。人是什么？这是自古以来都难以回答的斯芬克斯之谜。苏格拉底曾给“人”下过一个定义：“人是有两条腿而无羽毛的动物。”当有人反问：“这么说来，拔去羽毛的鸡就是人了？”苏格拉底哑口无言。之后，大思想家亚里士多德在其《政治学》一书中提出了“人是天生的政治动物”，这句话反映了当时的城邦思想。与夸美纽斯同世纪的大思想家帕斯卡尔说：“人只不过是一根芦苇，是自然界最脆弱的东西；但他是一根能思想的芦苇。”从而指出了人的思想性。然而，大教育家夸美纽斯却从和谐的角度，指出人本身只是一种和谐而已。

仔细品读这段言论，夸美纽斯是想告诉我们，人本身具有和谐的潜质，具有恢复和谐、追求和谐的功能。既然人是一种和谐，那就应该协调各方面的能力，避免不和谐因素，使之趋向完善。事实上，正因为不和谐的因素太多，才影响了人的健康、全面发展。

但是反对的人说，不是每一块木头都可以雕成一个麦叩利神（Mercury）的。我的答复是：只要没有完全败坏，每一个人都是可以成为一个人的。③

①②夸美纽斯：《大教学论》，傅任敢译，北京：教育科学出版社，1999年版，第五章第20页。
③夸美纽斯：《大教学论》，傅任敢译，北京：教育科学出版社，1999年版，第二章第52页。

反对人的观点，对应我国的一句俗话，即朽木不可雕也。当屡次教导一个人，这个人却无半点进步时，人们常常说："朽木不可雕也！"以示心中的愤懑。然而，说出这种话的人，只能说明此人耐心不够，或方法不当，却不能证明这个人已经破败。这里，教育家夸美纽斯给了我们明示："只要没有完全败坏，每一个人都是可以成为一个人的。"的确如此，只要没有完全败坏，我们就没有理由说出如此话来；只要还有一点亮光，我们就应该看到希望。不要轻言放弃，不到最后，任何奇迹都可能发生。

这句话，展现了教育家夸美纽斯宽广的人本情怀和完满的自信心。

是的，人非完人，孰能无过！只要方法正确，有足够的耐心，再加上一些技巧，是可以将一个没有完全败坏的人培养成一个完整的人的！一名教育工作者应该有这种自信和胸怀，更应该有这种责任。

培养一个健全的人、一个完整的人、一个德智体美劳全面发展的人，也正是教育的使命和职责所在。

人的内心力量会被削弱，但不会被消灭。①

教育家夸美纽斯对人内心力量的坚信一览无余。人的肉体或许会被毁灭，可人内心的力量却不会被消灭，尽管可能会被削弱。这让人联想起《老人与海》中的主人公桑地亚哥，一次次地斗争，一次次地失败，并没有将老人挫败，相反却激发了老人更加昂扬的斗志，最终战胜了大鲨鱼。透过这本书，我们看到的是"一个人可以被消灭，可你就是打不败他"的思想。而在教育家夸美纽斯的教育思想中，我们也能看到他对人这种精神的坚信和赞扬。

教育工作者应该从夸美纽斯的这句话中得到一些启发，就是要相信人内心的力量，要相信每一个孩子内心中都有一种强大的、任何东西都无法消灭的力量。

---

①夸美纽斯：《大教学论》，傅任敢译，北京：教育科学出版社，1999年版，第二章第52页。

这种力量挖掘好了，能有效地促进孩子们的成长。相反，如果得不到良好的利用，就会被削弱。因此，老师不要轻易对学生说放弃的话。因为尽管儿童内心的力量很强大，但毕竟还不够成熟，甚至还十分稚嫩。因此，应该多给予赞扬，积极正面地培养，使其信心十足。

> 假如镜子被灰尘或斑点弄脏了，镜子首先就应打扫干净；假如木板粗糙，木板就应磨光；那时它们便能实现它们的功用了。同样，假如教员肯充分卖力气，人是可以被琢磨好的，最后，一切人便会懂得一切事情了（我是坚持我的警句的，因为我的基本原则被证明是对的）。①

是的，如果我们的老师有足够的耐心、肯下力气、动脑筋琢磨，我们所教的对象——儿童，肯定会如教育家夸美纽斯所坚信的那样：人是可以被雕琢好的。之所以有些儿童没有被雕琢好，与老师所持的教育观有很大关系。有些老师往往存有一种先入为主的观念：有些儿童是教不好的。受这种错误教育观的影响，也就很难谈得上卖力气去教学生。最终只能人云亦云、随声附和，丧失教学的主动性。

教育家夸美纽斯告诫我们，教育学生就要肯下力气，下大功夫，不能轻言放弃。要努力去找寻儿童身上的缺点，并对其进行磨光。更要把儿童当作一件等待雕饰的艺术品。

对于儿童的可雕塑性，大教育家夸美纽斯是坚信不疑的。这也许正是我们要学习的。我们应该学习夸美纽斯的这种对教育的信念，并坚持下去。

> 人人都应该祈求自己具有存在于一个健康的身体里面的一个健康的心灵。②

---

①夸美纽斯：《大教学论》，傅任敢译，北京：教育科学出版社，1999年版，第二章第54页。
②夸美纽斯：《大教学论》，傅任敢译，北京：教育科学出版社，1999年版，第二章第71页。

如果健康的身体是必备的话，那么在健康的身体里面能存有一颗健康的心灵就应该是我们祈求的。通过参加一些体育活动，对我们的身体进行锻炼，同时注意生活规律、正常饮食，我们就会获得健康的体魄。然而，健康的心灵却不这么容易获得。健康心灵的培育靠的是知识的培育，靠的是德行的陶冶。如果没有这些，就很难得到健康的心灵。

大教育家夸美纽斯通过这句话是想告诉我们，在我们的身体里具有知识、德行和虔信的种子，也就具有存在于健康身体里的健康心灵。对此，我们应该庆幸、珍惜，积极地去发扬，而不是无视这种健康心灵的存在，更不能任意挥霍这种天赋所具有的能力。

人类的身体需要动作、刺激和运动。①

我们常说，生命在于运动。说的就是生命本身需要运动。如果没有运动，生命也就终止了。运动是永恒的。世间万事万物都处于不断的运动当中，人类的身体也是如此。教育家夸美纽斯从人类发展的视角告诉我们，我们的身体需要动作，需要刺激，更需要运动。

既然我们的身体需要动作、刺激和运动，那么作为教育工作者的我们，就应该尽其所能去刺激我们的身体，做出各种各样的动作，使身体的各部分机能处于不断运动的状态之中。只有这样，我们的身体才能健康，才能变得更加强壮，才能为一颗健康的心灵提供一个“家”。

学生作为一个独立的生命体，也拥有好动的天性。我们不能随便扼杀学生这种好动的天性，而应该努力创造条件使其“动”起来。“动”并不是什么坏事，而是孩子们的本性使然。有些老师不以为然，对于顽皮好动的学生，动辄就批评。其实，这是一种不了解孩子好动天性的表现。或许有人说，学生一动，课堂就乱了，

①夸美纽斯：《大教学论》，傅任敢译，北京：教育科学出版社，1999 年版，第二章第 72 页。

一乱课堂就无法有序进行。其实,归结起来就是这样一个问题,动起来,并不等于乱起来。怕学生动,却着实不应该。我们需要让学生动起来是出于身体的需要,是出于对生命的珍视,是出于对健康心灵的呼唤。

从教育家夸美纽斯的这句话中,我们也可以看到西方教育的一个深层理念,即教育是一种激发身体运动的学问,而这正是我们所缺少的。

> 要懂得最好地利用我们生命的艺术。①

利用好生命是一种艺术。通过这句话,大教育家夸美纽斯是想告诉我们,除了学习各种知识,懂得万事万物之"理"外,最重要的还要懂得最好地利用我们的生命。

反观我们的教育,恰恰生命教育是欠缺的。从幼儿园到小学、中学,再到大学,我们过分强调孩子的成绩,而忽视了孩子们的生命发展。由此,学生获得的更多的是课本上的"死"知识,对生活中的"活"知识却不甚了解,对于生命艺术的了解更是少得可怜。在此,教育家夸美纽斯是想提醒我们,我们应该懂得利用我们生命的艺术,而不应该忽视,更不能无视它的存在。事实上,一切学问都将是围绕我们的生命展开。试想,如果我们的生命都得不到很好的利用,那么又怎么能谈得上其他学问呢?作为一名教育工作者,我们有责任让更多的孩子懂得最好地利用生命的艺术。

> 但是在这种种个别的进展里面,我们所发现的不是别的,而是一种连续的现象而已。因为物体后面的智力正与夜色昏朦中的晨曦一样,是逐渐出现的,只要有生命,就不断有光亮,除非一个人完全变傻了才没有。②

在教育家夸美纽斯的思想里,生命就如一丝丝光亮,不断呈现出来。只要生

①夸美纽斯:《大教学论》,傅任敢译,北京:教育科学出版社,1999年版,第二章第74页。
②夸美纽斯:《大教学论》,傅任敢译,北京:教育科学出版社,1999年版,第二章第4页。

命存在，就会不断发出光亮。这就告诉我们，对待儿童要用一种发展的、渐变的眼光看待，不能孤立地、片面地、静止地看待他们的成长。由幼年到成年，都有一个渐进的、自然的过程，不可能一步到位，而是存在着一个由小到大、由弱变强、由无知到有知的过程。而生命演进的过程，也是不断连续的，不断处于变化之中的。质言之，就是要把孩子看成一个生命体，看成一个发展的、渐长的个体。只有这样，才能不为生命一时的“暗淡”而失望，才能不为生命一时的“黑暗”而迷失了方向。

夸美纽斯对生命的热爱和执著，让我联想到了周国平的一首诗。

路

宁静的星空
倒映在柏油马路上
清凉的夜色
传递着你的目光
何必问来自哪里
又去向何方
当眼睛凝视着眼睛
不用怕上当
走吧我的路
在你的脚下伸展
飘满彩翎
通往飞鸟的故乡
只要还有一株树木
我们就有归宿
只要还有一颗星星
我们就有亮光

其实，生命的展开就像一条伸展的路。路是漫长的，又是渐渐的，只要有生命，路就会不断延伸，并不断发出光亮来。让我们坚信生命的亮光吧！

二、论教育

假如要形成一个人，就必须由教育去形成。……只有受过恰当教育之后，人才能成为一个人。[①]

这是教育家夸美纽斯对教育作用的极高评价。教育何为？教育是形成人的主要手段。没有教育，人恐难成为人。事实的确如此。恰恰是有了教育，人类才摆脱了蒙昧状态，走向文明；由于教育，人类才能够传承文明，创造出绚丽多彩的文明。对于一个个体而言，也正是由于受到了教育，才使其知书达理，成为一个真正的人。

教育可以说与人类发展是同步的，从人类诞生的那一刻起，教育就开始了。只不过最初的教育比较原始，只限于一些基本的言传身教、耳提面命的生存技巧。随着人类的不断发展，教育从人类的生产活动中脱离出来，成为一项专门的活动。如我国春秋时期，官学下移，民间私学兴起。教育走进民间，开启了教育大众化之路。实践证明，不管贵族还是平民都需要接受教育，不论贤愚、老幼、男女，统统需要接受教育。

通过教育，能使人真正成为人。自古以来，中国就对读书人格外看重，在四民中，仕是排在首位的。读书、上学、成为文化人，是无数中国人的追求。

人天生没有什么区别，后天的教育能使人不同。由此可见，接受与不接受教育，接受什么样的教育，怎样接受教育，造成了后天人与人的差别。

教育确乎人人需要，我们想想各种不同程度的能力，就可以明白这一点。愚蠢的人需要受教导，好使他们摆脱本性中的愚蠢，这是无人怀疑的。其实聪明人更需要受教育，因为一个活泼的心理如果不去从事有用的事情，它

---

①夸美纽斯：《大教学论》，傅任敢译，北京：教育科学出版社，1999年版，第二章第24页。

便会去从事无用的、稀奇的、有害的事情……同样,地位较低的人要受教育,他们才能聪明地、谨慎地服从他们的长上,不是出于强迫,像驴子的服从一样,而要出于自愿,出于爱好秩序之心。[①]

大教育家夸美纽斯呼吁:不论贤愚贫贱,人人需要教育。这在当时唯有有钱人才能接受教育的时代,发出这样的声音实在是难能可贵。教育没有阶级性,更不分贫贱富贵,教育面前,人人平等。人人都有受教育的权利,都有享受教育的机会。所以,应该创造一切机会和条件,让更多的人接受教育,平等地接受教育。这就是教育家夸美纽斯的信条。在夸美纽斯看来,人生来就有学习活动的能量,这种能力潜伏着,需要加以发展。发展的状态如何,关键在于教育。只要接受合理的教育,任何人的智力都能够得到发展。他举例说:“凡是从小被野兽攫去,在野兽群中长大的人,他们的智力都没有超过野兽的水准,他们重新回到人类社会,他们用舌、用手、用脚的能力也不会超过野兽所能。”夸美纽斯又引证柏拉图在《法律篇》里的论述:“人若受过真正的教育,他就是个最温良、最神圣的动物;但是他若没受教育,或者受了错误的教育,他就是一个世间最难驾驭的家伙。”并且在这个世界上人人都需要教育,教育是人所必需的,愚蠢的人需要受教育,以去掉他们“本性的愚蠢”;聪明的人更需要受教育,“因为一个活泼的心理如果不去从事有用的事情,它便会去从事无用的、稀奇的、有害的事情”;富人不受教育等于是“吃饱了糠麸的猪仔”;贫人不受教育等于是“负重的驴子”;美貌无知的人只是“一只具有羽毛之美的鹦鹉,或一把藏着钝刀的金鞘”;当权者需要受教育,获得智慧,“正如向导要有眼睛,舌头要能说话,喇叭要出声音,或者刀要有刃是一样的”。

教育让智者更智,让明者更明,让愚者摆脱愚昧。总之,教育能让一切人都得到应有的发展。因此,人人都需要接受教育。

尤其是年轻的儿童,用榜样总比用训条容易领导,容易管束。[②]

---

①夸美纽斯:《大教学论》,傅任敢译,北京:教育科学出版社,1999年版,第二章第27页。

②夸美纽斯:《大教学论》,傅任敢译,北京:教育科学出版社,1999年版,第二章第35页。

夸美纽斯的这句教育名言，对应着中国的一句老话，即身教胜于言传。孔老夫子也曾说过，“其身正，不令而从；其身不正，虽令不从”，强调的也是榜样的作用。总之，榜样的作用是无穷的，是潜移默化的，对教育对象的影响也是深远的。无形中，被教育者受到感染和熏陶，逐渐养成某种品性和价值观念。“桃李不言，下自成蹊。”榜样一出，无须多言，更无须惩戒。因此，对于一名教育工作者来说，最大的教育力量就是做出榜样。很难想象一个不爱学的老师，能教出好学的学生来。也很难想象，一个懒惰成性的老师，能教出勤奋的学生。总之，戒条再严，有失效的时候；言传百遍，有令人心烦的时候。唯有榜样是最鲜活的，最真实的，也是最有直接效果的。

因此，对于一名师者来说，真正要做的就是行为示范，用自己的行为给学子们做出示范，以自己的榜样去引导学生。事实上，用榜样去管束是最容易，也是最有效的。经常听到有些老师在背后说，现在的学生不好管理，不好教导。而当问他您是否给学生做出了好榜样时，他又哑口无言。试想：一个刚给学生教导完不要吸烟、不要喝酒的老师，走出教室就马上点上一根烟，刚踏出校门就走去喝酒。他的话能有效果吗？所以，问题不是出在学生不好教，而是老师根本没有用“身”教，没有给学生树立榜样。一个言行不一的老师，他的话怎么能有可信度呢？

教育家夸美纽斯的这句话具有深刻的意义。他让我们反思我们的教学行为，让我们重视师德，加强修养，提高素质，做出榜样。

人人都应受到全面的教育。①

在人人都应接受教育的基础上，教育家夸美纽斯继续往前推进，从而推进到全面教育的高度。夸美纽斯认为，不但人人都应该接受教育，而且都应受到全面的教育。是的，接受教育是最基本的，关键还有接受什么教育？如果是不健全的教育，那么，还是不能够培养出健全的人，甚至会造成人的片面发展。因此，人人

①夸美纽斯：《大教学论》，傅任敢译，北京：教育科学出版社，1999年版，第二章第40页。

都应该受到全面的教育。不仅智力需要发展，而且体力也需要得到锻炼；不仅需要接受音乐的熏陶，更要接受美术的陶冶。总之，要通过接受全面的教育，促进人的全面发展，哪一方面知识的缺失，都可能造成人发展的欠缺。我们应该为孩子们提供全面发展的教育，为他们全面、自由地发展提供一切条件，创造一切机会，而不是阻碍学生接受全面教育的机会和可能。

世上找不出一个人的智性孱弱到了不能用教化去改进的地步。①

除了发出人人都需要教育的呼吁外，教育家夸美纽斯还告诫我们，人人都可以被教化，都可以通过教化去获得进步。世上找不到一个人智性孱弱到无法用教化的方法去改进的。质言之，教化对任何人都是有用的。只要他是一个人，就可以被教化。只要他还未愚昧到无知的地步，就可以通过教化摆脱愚昧。事实上，愚昧无知的人是罕见的，天性笨拙的人也是不多见的。更多的“孺子不可教也”等术语，都是老师们出于一时的愤懑，是一气之下的发泄语，而不是真实的情况。其实，老师应该为这些“创造”而羞愧，因为这并不能说明学生不可被教化。相反，却显现出老师们的耐心不足。因此，我们应该反思自己的行为，应该坚信每位学生都可以通过教化获得改进。

教育是生活的预备，能在成年以前完成。②

教育与生活两者究竟是什么关系？夸美纽斯给了我们答案。夸美纽斯认为，教育是生活的预备，是为人的进一步生活做准备的。然而，反思我们的教育，是不是有些急功近利了？我们是否为孩子们将来的生活做准备呢？是否真正想过教育与生活的真正关系？或许有人说，考个好大学、找个好工作就是教育的目的。其实，这只能说是教育的一个结果，而不能算是教育的最终目的。

人最终都要走出学校，走向社会，开始新的生活。学校就好像是铁打的“营盘”，而学生就是流动的“兵”。学校究竟应该给学生提供些什么？这是个值得深

①夸美纽斯：《大教学论》，傅任敢译，北京：教育科学出版社，1999年版，第二章第37页。

②夸美纽斯：《大教学论》，傅任敢译，北京：教育科学出版社，1999年版，第二章第49页。

思的问题。夸美纽斯提供的答案值得我们借鉴。学校何为？教育何为？学校应该尽可能地为学生走向社会、开始独立生活提供一切准备。这不正是教育的使命吗？倘若有的学生走出校门，面对纷繁复杂的社会，却发现自己茫然失措，这时，反思的应该是学校。学校如果没有给学生将来的生活提供良好的准备，那么学校就是失职的。要成为社会主义事业的建设者和接班人，首先应该能够独立地面对生活，而这需要靠教育来完成。

真正的教育应是真实、彻底的。①

教育有好坏之分，并不是所有的教育都是好的，都是真实的。教育家夸美纽斯给我们区分了真正的教育。他认为，真正的教育应该是真实的，而不是虚假的；应该是彻底的，而不是暂时的。例如，教授某些具体事物时，向学生展示的或摆在学生面前的物品应该是真实的，而不是仿造的。应该尽量让学生去接触真正的事物，而不是接受虚假的事物。同时，真正的教育还应该是彻底的，要创造一切条件，对研究事物进行彻底的学习和研究，而不是停留在一知半解的层面上。真正的教育，需要有刨根问底的探究精神，需要有打破砂锅问到底的追问意识。总之，真正的教育是要追问事物本真面目的教育，是寻找真理、探究事物本原的教育。这样的教育才是彻底的、真正的教育。

夸美纽斯的这句话令人深思，使得我们思考什么是真正的教育，怎样才算是真正的教育。

真正的教育应是轻松快乐的、自然的。②

除了真实、彻底外，夸美纽斯还告诉我们真正的教育应该是轻松快乐的、自然的。如果教育带给人的是痛苦、劳累，那么这样的教育是值得怀疑的。如果学校成了屠宰场，成了孩子们一听就胆战心惊的地方，那么这样的教育恐怕就不

①②夸美纽斯：《大教学论》，傅任敢译，北京：教育科学出版社，1999年版，第二章第49页。

能称得上是真正的教育。教育应该使人感到愉快,应该让人沐浴在知识的阳光和雨露之中,应该让人享受学习带来的快乐。只有这样的教育,才是符合人本性的,才是合乎自然的。唯有遵照自然的规律进行教育,而不是揠苗助长,违反自然的规律,才能使人感觉轻松愉快。

孩子们是祖国的花朵和未来的希望,如果他们得不到快乐的教育,不能够自然地成长,就会影响到祖国未来的发展,所以,必须引起我们的高度重视。如果我们的教育偏离了快乐的主题,偏离了自然的方向,那么就必须及时地纠正过来,否则就会越走越远,越陷越深。由此可见,夸美纽斯这句话具有深刻的启示意义。

> 人类的教育应从人生的青春开始,就是说,要从儿童时期开始(因为儿童时期等于春天,青年时期等于夏天,成年时期等于秋天,老年时期等于冬天)。①

俗话说:一年之计在于春,一日之计在于晨。人类的教育也有她的青春时期。夸美纽斯认为,人类的教育必须遵循自然界的普遍规律。自然界存在一种"秩序"即普遍规律,人是自然界的一部分,因而人类的教育活动必须与自然界的普遍规律相适应。旧学校的根本错误是它违背了自然规律,以致学校成了儿童恐怖的屠宰场。因此,夸美纽斯强调学校改良的基础应当是一切事物里的恰当的秩序。为什么鸟儿选择春天繁殖,园丁选择春天种植?这说明春天是它们(或他们)活动的最佳时机。而人类的教育也有其恰当的时机。这就是人生的青春时期,即儿童时期。这个时期恰恰是接受教育的黄金时期,错过了这个时期,就很难再取得教育的更大进步。由此,夸美纽斯批判了经院主义教育的最大问题,就在于没有运用心理的恰当时机,没有遵循自然的秩序。

既然人类的教育是从人生的青春时期开始,那么就应该好好把握这个时期,不让美好时光荒废掉。我国古代也有很多这样的名言警句,让我们倍加珍惜青春时光。诸如《惜时》里写道:"三春花事好,为学须及早。花开有落时,人生容易

---

①夸美纽斯:《大教学论》,傅任敢译,教育科学出版社 1999 年版,第二章第 77—78 页。

老。”颜真卿《劝学》中写道:“三更灯火五更鸡,正是男儿读书时。黑发不知勤学早,白首方悔读书迟。”再如朱熹的诗句:“少年易学老难成,一寸光阴不可轻。未觉池塘春草梦,阶前梧叶已秋声。”总之,少年光阴易逝,应该好好珍惜。

三、论学校

有人说得好,他说学校是造就人的工场,因为人之所以真正成为人,无疑是由于学校的媒介,所谓真正的人就是:(1)一个理性的生物;(2)一个为一切生物之主并为自己之主的生物;(3)一个为造物主所爱的生物。假如学校能够培养心性聪明、行为谨慎、精神虔敬的人,事情便会是这样的。①

学校是造就人的地方。②

这句话表达了夸美纽斯对旧学校的控诉,同时指出新学校的目标和任务。旧学校在用不当的方式和方法教人,“以致学校变成了儿童恐怖的场所,变成了他们的才智的屠宰场,大部分学生对学习与书本都感到厌恶,都急急离开学校,跑到手艺工人的工场,或找别种职业去了”。③因此,夸美纽斯希望有一种学校出现,在这里所有的人都能够受到教育,通过可靠的方法学习现在和将来生活所必需的知识,并能够真正地、适当地运用这些知识。他说:“我们希望有睿智的学校,而且是博学的学校,即泛智学校,即工场。”④这样的学校既要传授学生人类知识的全部精华,又要安排必要的实践活动,并且把实践考试作为毕业的必要条件。“我们的学生在泛智学校中不是为学校学习,而是为生活学习。”⑤这样的学校以培养学生具有优美的语言,善于言辞为目标。并且,所有的教育活动都要建

①夸美纽斯:《大教学论》,傅任敢译,北京:教育科学出版社,1999年版,第二章第38页。
②夸美纽斯:《大教学论》,傅任敢译,北京:教育科学出版社,1999年版,第二章第40页。
③夸美纽斯:《大教学论》,傅任敢译,北京:教育科学出版社1999年版,第二章第46页。
④任钟印选编:《夸美纽斯教育论著选》,任宝祥等译,北京:人民教育出版社,2004年版,第239页。
⑤任钟印选编:《夸美纽斯教育论著选》,任宝祥等译,北京:人民教育出版社,2004年版,第241页。

立在适应自然的基础上，让学生轻松、愉快地获得成就而非强制进行。总之，泛智学校是以培养人为目标，以促进人的和谐发展为宗旨，是让人感到快乐而不是痛苦的地方。

学校是培养人的工场。与一般意义上的工场不同，学校是培养"人"的工场，要把青年学生培养成最完善的人。夸美纽斯指出，拉丁语把学校叫做"ludi"即游戏。"这并不是为了使学生认为，他们可以忙于掷骰子、玩纸牌、下棋，或者耽于其他一些无益的娱乐——而是意味着，学校是一种为了学习而专门设立的安静场所，里面的学习活动完全不是难于接受的和使人感到厌倦的，而是跟游戏类似，只是愉快地、轻松地锻炼智慧和身体的。"另外，在其他一些文章中，他多次把学校叫做"光明的工场""建筑的艺术""永恒的智慧的事业""上帝的羔羊群""苗圃"等等。在所有这些比喻中，夸美纽斯都强调指出了学校工作是多方面的、高度紧张的，要求教师和学生高度努力。他指出："要注意，在这里，到处都要求生动和热情，精神的经常振作，力量的紧张，不知疲倦的勤奋，不断的努力，几乎保持经常的觉醒状态，而不是停留和倒退；不是往回看已经做了的事情，而是遥望没有达到目的之前还需要做的事情。"[1]

通过这些论述，我们能感觉到，在夸美纽斯那里，学校绝不是一个摆设，也不是一个由老师单方面组成的培训机构，而是由学生和老师共同努力、高度紧张的工作场所。在这里，安静，又不停滞；紧张，又不倦怠。这里到处充满生机和活力，让人对未来充满了希望和憧憬。这样的地方就是造就人的场所，培养人的地方。

人人应该受到一种周全的教育，并且应该在学校里面。[2]

夸美纽斯认为，不但人人都要接受教育，而且还应该受到一种周全的教育。那么什么是周全的教育呢？所谓周全的教育，是指"人人都应学到关于人的一

---

①克腊斯诺夫斯基：《夸美纽斯的生平和教育学说》，北京：人民教育出版社，1957年版，第280页。

②夸美纽斯：《大教学论》，傅任敢译，北京：教育科学出版社，1999年版，第二章第40页。

切事项”[①],应该“学习当前和将来生活上所需要的一切学科,并且学习得十分完善”[②]。他在《大教学论》中详细地描述了这种教育的具体内容。如母育学校的教育内容有二十项:玄学、物理学(实际上是自然知识)、光学、地理学、年代学、历史学、算术、几何学、静力学、机械学、辩证术、国语、修辞学、诗词、音乐、经济学、政治学、道德学(伦理学)、宗教与虔信等初步知识。国语学校的教育内容有:国语、算术、几何、唱歌、宗教、道德、经济学、政治学、世界通史、宇宙学、技艺、外国语等十二门功课,概括起来,包括学问、德行、虔信三方面的知识。另外,这两个阶段还重视感官训练,母育学校侧重外感官训练,国语学校注重内感官训练。

由此可见,与中世纪初等教育只用两三年时间学习读、写、算相比,夸美纽斯的周全教育无疑是一个进步。但是,由于时代的限制,他对许多学科的了解还相当肤浅,所以尽管功课分得很细,终究不够精确。而且由于他对儿童身心发展规律缺乏科学的认识,致使学科的安排带有很强的主观性。宗教观和科学观的交互作用,使得他的教育内容在信仰和实用之间摇摆,最终仍然归于宗教。可见,他所谓的周全的教育有时显得如此“周全”,以致忽视了儿童实际。由于受历史条件的限制,他的“周全”教育是并不“周全”,也不可能“周全”。

但其周全的教育思想对后人却具有启发意义。时至今日,学校里开设的课程也只是一部分,并且在一些偏远的山区,由于受师资等因素的制约,大多只能开设主要的课程。由此看来,要让每一个孩子都能接受周全的教育还很漫长。

一切男女青年都应该进学校。不仅有钱有势的人的子女应该进学校,而且一切城镇乡村的男女儿童,不分富贵贫贱,同样都应该进学校。[③]

人人都应进学校是人本主义教育家夸美纽斯的一个重要观点。这一观点受路德博士的影响。路德博士主张在一切城镇村落设立学校,教育一切男女青年,

①夸美纽斯:《大教学论》,傅任敢译,北京:教育科学出版社,1999年版,第二章第44页。
②张焕廷:《西方资产阶级教育论著选》,北京:人民教育出版社,1979年版,第42页。
③夸美纽斯:《大教学论》,傅任敢译,北京:教育科学出版社,1999年版,第二章第37页。

希望一切农夫和工匠能每天花两个钟头在有用的知识、道德与宗教方面接受教导。夸美纽斯认为路德的主张是一种卓越的见解，但事实上学校的设立却远非如此。在较小的一些村庄没有学校，而且学校是专门为富人设立的，穷人没钱上学，除非他们能得到怜悯和资助。而这些被排斥在校外的穷人很可能就是一些优秀的有才之士，他们的才能就这样被扼杀了，是教会和国家的重大损失。针对这种情况，夸美纽斯大声呼吁：一切男女青年都应该进学校。不仅有钱有势的人的子女应该进学校，而且一切城镇乡村的男女儿童，不分富贵贫贱，同样都应该进学校。

学校是青年男女共同接受教育的必要场所。由于人口数量的增加，再加上日常生活事务繁杂，所以很少有人具有充分的知识或闲暇去教导自己的子女。在这种情况下，学校就是教育子女最好的选择。因此，夸美纽斯认为在每一个城市、乡镇和村落都应该设立学校或者青年教育点，人人都应进学校。夸美纽斯的这些想法在当时的时代具有超前性和人道主义色彩。要知道夸美纽斯所处的时代，接受教育只是少数人的事情。然而，夸美纽斯却认为人人都有受教育的权利，越是愚笨的人就越应该受到帮助，这样即便不能使他们变得如正常人那样精明，至少可以减少他们的愚蠢和笨拙，使他们的心性变得柔和并学会服从。夸美纽斯认为女性同样有获得知识的权利，但是他认为女性接受的教育和男性不同，她们受教育的目的是能照料家务。

尽管夸美纽斯的一些想法还有时代的烙印，还存有时代的局限性。然而，其人本主义倡导，人人都应该进学校却对今天的教育仍具有积极的借鉴意义。

学校应培养心性聪明、行为谨慎、精神虔敬的人。①

培养什么样的人，怎样培养人，一直都是学校的主要任务和主要目标。夸美纽斯认为虔信和德行是教育的两个最重要的因素，却在学校教育中被严重地忽视了。学校花了太多的时间和精力对学生进行知识灌输，却极少关注学生道德的

①夸美纽斯：《大教学论》，傅任敢译，北京：教育科学出版社，1999年版，第二章第46页。

培养、德行的训练，甚至在理应体现人类文化最大进展的大学里也是如此。虔信和德行的教育成了知识教育的附属品，由此，“学校培养出来的不是顺从的羔羊，而是凶狠的野驴和倔强的骡子；学校培养不出合乎德行的品行，培养出的只是一种虚伪的道德外表，一种令人生厌的、外来的文化皮毛，和一些专务世俗虚荣的眼光与手脚”[①]。出现这种情况的原因，夸美纽斯认为与学校培养什么人有关。那么，学校应该培养什么样的人呢？夸美纽斯认为，学校应培养心性聪明、行为谨慎、精神虔敬的人。夸美纽斯的这一论述，对我们今天培养德智体美全面发展的人具有重要的指导意义。

夸美纽斯看到了旧学校忽视人的德行和虔信的培养，主张培养人应该是心性、行为和精神三个维度的统一。这给予我们的启发是，我们学校培养的人应该是一个和谐的整体。学校在培养学生的过程中，保持了这种和谐就能造就出一个真正的人，否则就难以造就出和谐的人。

但是我们不要把一切书籍没有辨别地全给他们，如同给予男性青年的一样（人们在这件事情上面没有表示过较大的谨慎，实在是大可悲叹的）；而只限于那些使人充分观察上帝及其作品之后就可以学得真实的德行与真实的虔信的书籍。[②]

近朱者赤，近墨者黑。学生接触什么样的书籍，就会受到什么样的熏染。这一点夸美纽斯看得很明白，遂强调指出教科书要有所选择。事实上，有些教科书的编排的确不敢恭维，违背孩子们成长和发展的规律，有时也违背日常生活的真实逻辑。这种教科书是很有危害的，因此，必须严格把关，仔细审查。

俗话说，阅读优秀的书籍就好像跟灵魂高尚的人对话。思想高尚、健康积极的作品会激发孩子们的求学欲望，也会促使其优良品质的养成。而阅读一些思想不健康的书籍也会影响孩子们身心的健康成长。因此，对学生所阅读的书籍

①夸美纽斯：《大教学论》，傅任敢译，北京：教育科学出版社，1999年版，第二章第46页。
②夸美纽斯：《大教学论》，傅任敢译，北京：教育科学出版社，1999年版，第二章第38页。

必须有所甄别。当夸美纽斯说出“我们不要把一切书籍没有辨别地全给他们”时，我们的确应该反思。

当前，随着网络的发展，社会进入了网络时代。而网络中也夹杂着各种不良信息，我们是否帮孩子们鉴别过。如果没有，那么如何保证我们的孩子不受不良信息的侵染。网络是个大杂烩，这对于鉴别能力不高的中小学生来说，的确是一个极大的挑战。在难以辨明各种信息好坏的时候，错误的信息很容易误导学生，让孩子们走上弯路，甚至误入歧途。因此，我们不但应该对孩子们接触的书有所选择地给予，同时，对于孩子们接触的网络也要增强把关意识，并为其创造一个健康、文明的网络环境。

> 学问、德行、虔信，这三个元素就是涌出一切最完美的快乐之流的三个泉源。①

快乐来自何处？或许有多种答案。然而，指出学问、德行、虔信三个元素是快乐之流却让人耳目一新。夸美纽斯对学问、德行、虔信三者的看重，是其快乐教育思想的一个亮点。掌握万事万物的学问，的确是一件愉快的事情。同时，自觉践履德行也是一件有意义的事。而努力保持一颗虔信的心灵也是很神圣的。

相比一些庸俗的物质论者，教育家夸美纽斯的快乐源泉论充满着睿智和高尚的追求。仅仅追求感官上的享受或一时的快乐，并不能称得上快乐，唯有对知识的渴望、对德行的追求和保持虔信的信仰才是长久的，才能让快乐之泉长流。

> 所以，这三个因素(学问、德行、虔信)假如不连结在一起，如同由一副坚固的链条连着似的，那就是一种不幸的拆散。不能导向德行与虔信的教导，是一种何等恶劣的教导啊！②

①夸美纽斯：《大教学论》，傅任敢译，北京：教育科学出版社，1999年版，第二章第43页。
②夸美纽斯：《大教学论》，傅任敢译，北京：教育科学出版社，1999年版，第二章第44页。

从这句话里，我们可以看到夸美纽斯对那些不能导向德行与虔信的教导是何等的厌恶和憎恨。不能导向德行的教导就是一种误导，同样，不能导向虔信的教导也是有害的。学问、德行、虔信三者必须是统一的，不可分离的。它们是链接在一起的一块整钢，任何的拆散都是不幸的。从这里，我们可以看出夸美纽斯对德行和虔信的重视。没有德行和虔信的人，纵使掌握了一切知识也不会给人类带来福祉，相反，还可能会带来灾难。因此，学校应该给予学生以正确的教导。唯有正确的教导，才能避免学生误入歧途。

立德是树人的前提，是灵魂。教书育人，必须把立德作为首要的任务来抓。我们的教育，倘若培养不出道德高尚的人，那么这样的教育势必是失败的。因此，必须牢牢地把握着这一根本任务不动摇，将立德与树人有机结合起来。

> 每个人在母亲的子宫里形成了全部肢体——手、足、舌头等等——虽则并不是人人都要做手艺匠、径赛家或演说家；同样，在学校里面，人人都应学到关于人的一切事项，虽则在日后的生活里，某些事项对于某一个人较有用处，其他事项对于另一个人较有用处。①

学校是造就人的工场，在这里人人都应学到关于人的一切事项。这就是教育家夸美纽斯对泛智学校的定位。学校是做什么的？学校不是摆设，更不是玩弄科学、脱离生活实际的地方。学校应该是教给人们一切知识的地方，应该是为人们造就一切技能的工场。旧学校由于教学方法的不当，成为才智的屠宰场，让人对学习充满了厌恶，纷纷离开学校。夸美纽斯对此加以批判，十分尖锐地指出："可惜大多数学校距此目标尚远，它们只是在玩弄科学，或更有甚者，在令人烦恼地折腾科学。它们所做的事不符合生活的需要，而是用支离破碎的科学，用与现实生活完全不相干的东西充斥头脑。因此，对它们的评价是十分公正的：'它们不懂得必需的知识，因为它们学的不是必需的东西。'"②脱离生活，不为人的一

①夸美纽斯：《大教学论》，傅任敢译，北京：教育科学出版社，1999年版，第二章第44页。

②任钟印选编：《夸美纽斯教育论著选》，任宝祥等译，北京：人民教育出版社，2004年版，第239页。

生做准备是旧学校的弊病。夸美纽斯的泛智学校恰恰就是要纠正这一错误倾向。在这里,他希望的新兵将学习一切知识,即首先要使头脑为知识之光所照亮,而缺乏这种知识是有害的;手和其他能力一起,也应训练来做好各事;舌头应能从容不迫地说出得体的话语。①

仔细品读夸美纽斯的这些言论,我们能从中得到不少启发。我们的学校是不是在教授学生将来生活所必需的学科?是不是让他们通达了世间的一切事理?我想,我们的学校离夸美纽斯所设想的目标仍有不少距离。我们的学校教学,仍存在着与现实生活脱节的现象,学生在面对复杂的社会实践时,仍感到茫然不知所措。我们培养的大学生、研究生找不到工作的报道也不绝于耳,也引起过社会的强烈反响。我们的学校到底应该教给学生什么?这是一个值得我们深刻思考的问题。

> 我之所谓完全尽职的学校是一个真正锻炼人的地方;在那里,受教育者的才智得到智慧的光辉的照耀,使它易于探究一切明显的和一切隐秘的事情,在那里,情绪和欲望与德行得到和谐,在那里,人心充满着并渗透着神爱,使一切送进基督教学校去吸取真正智慧的人都能受到教导,去在世间过着一种天堂的生活;总而言之,在那里,人们都能彻底学会一切事情。②

只要学校尽职尽责,学生是可以得到真正锻炼的。这就要求学校不仅要传授人类知识的精华,也要注重学生的实践活动,甚至应该把实践作为成绩考核的标准之一。因为学生学习的知识最终是要应用到实践中去的,注重实践才能提高学生适应生活和社会的能力。不论是传授知识还是进行实践活动,学校都应当尽量遵循夸美纽斯教育中适应自然的原则去组织,只有这样,学生才可能轻松愉快地学习,顺其自然地成长,而不是被迫去学习。

---

①任钟印选编:《夸美纽斯教育论著选》,任宝祥等译,北京:人民教育出版社 2004 年版,第 240 页。

②夸美纽斯:《大教学论》,傅任敢译,北京:教育科学出版社,1999 年版,第二章第 45 页。

应该说，我们今天的学校气氛太紧张了，老师和学生在工作和学习的压力下整日行色匆匆，神情抑郁，好像彼此是冤家一样。对此，学校应当努力创设氛围，应当使学校成为一个既轻松又严肃的场所。正如夸美纽斯所主张的那样，我们的学校应当有安静而优美的环境，既适合学生学习，又适合学生体育锻炼，使学生在友善和睦的氛围中，在游戏的陪伴中成长。但是这不意味着学校是游乐场，老师应该以积极振奋的姿态投入工作中，成为学生努力学习的榜样。而学生也应当在老师的影响下专心地投入学习中。在这里，学生和老师共同成长，共同提高，共同得到锻炼。

总之，学校既是老师和学生尽情工作和学习的场所，也是他们尽情娱乐、尽情享受生活的场所，是真正锻炼人的地方。

> 但是有没有一个学校在这种完善的平面上存在过或是以此作为努力的目标呢？更不必去问有没有一个学校达到过这种境界了。我要提出另外的论证来指出这种学校是应当有的，可是从来没有出现过，否则我便好像是在追求一种柏拉图式的观念，梦想一种到处都不存在，此生毫无希望的完美的境界了。①

从这句话我们可以看出，教育家夸美纽斯对完善学校的追求和渴望是多么强烈，同时也看出他对完善学校的存在是多么自信。“应当有”，可是从来没有出现过。这既含有对以前出现过的学校的不满，又含有对这种学校存在的憧憬。然而，由于受当时的经济、社会条件的限制，夸美纽斯对完善学校的追求也只能是一种奢望。但他对完善学校存在的坚定信念，却让我们备受感染和鼓舞。

在今天，各种硬件设施和软件设施极大丰富，尤其是计算机信息技术引入教学，使我们的学校教育进入了信息化时代。对此，我们更应该有足够的理由相信，夸美纽斯所设想的完善的学校是可能的，而且是能够实现的。

---

①夸美纽斯：《大教学论》，傅任敢译，北京：教育科学出版社，1999 年版，第二章第 45 页。

并且教导青年的方法通常都是非常严酷的，以致学校变成了儿童恐怖的场所，变成了他们才智的屠宰场，大部分学生对学习与书本都感到厌恶，都急急离开学校，跑到手艺工人的工场，或找别种职业去了。[①]

通过这句话，教育家夸美纽斯对旧学校进行了无情的批判。由于旧学校在教导青年的方法上非常严酷，以至于学生到了“谈校色变”的地步，大部分学生被迫离开校园，另谋他路。在这种情况下，学校不再是培养人的场所，相反，却成了儿童恐惧的地方。在这里，儿童的智力不但得不到应有的发展，反而受到了严重的摧残。可见，对旧社会落后的教学方法，夸美纽斯是严厉批判的。因为一个善教的老师，会努力从学生的角度去认识教学活动的价值，而不是采取如此粗暴的手段。正如杜威所言：“一切真正的教育，其终点必在训练之中，但是，它的过程却在于使心智为其自身的目的而从事的有价值的活动之中。”[②]

从学生的角度来看，把教学当作艺术有利于学生接受并加深对知识的理解和把握，同时也有利于学生获得快乐的情感体验。因此，夸美纽斯认为真正的“学校本身应当是一个快意的场所，校内外看去都应附有吸引力”。这个吸引力需要全体教师去营造，需要教育智慧去创造。然而，在现实中，学校缺乏这种吸引力，难以成为学生向往的场所。

由此，夸美纽斯揭示了当时一般学校的徒劳无功，导致人们要寻求一种新学校管理的艺术。夸美纽斯用自身的亲身经历来表明学生在旧学校所获不多的情况：“在我们进过学校与大学的人中，有几个稍有一点真正学问的影子呢？我是一个不幸的人，我便是数以千计的人们中的一个，悲惨地丧失了一生一世的最甜美的青春，把生机勃勃的青春浪费在学校的无益的事情上面。”他还引证罗斯托克大学教授卢比勒斯对学校不讲求效益的批评：学校的日常教学方法是费力设计出来的，故意使教员和学生即使付出了巨大的劳动，感受着重重的厌倦，经历无穷的麻烦，耗费了最多的时间也不能教会抑或是学会拉丁文。因此，学校变

①夸美纽斯：《大教学论》，傅任敢译，北京：教育科学出版社，1999年版，第二章第46页。

②约翰·杜威：《我们怎样思维·经验与教育》，姜文闵译，北京：人民教育出版社，1991年版，第71页。

成了儿童恐怖的场所，变成了他们才智的屠宰场，大部分学生对学习与书本都感到厌恶，都急急离开学校，跑到手艺工人的工场，或找别的职业去了。所以，夸美纽斯断言在此以前没有一所完善的学校！学校亟待寻求管理的新方法，以改变这种徒劳无功的局面。

反之，凡是继续学下去的人（不论是出于父母或保护人的强迫，还是因为希望借他们的学识去取得某种荣誉的地位，或是自然醉心学术，或是出于他们的本性），都没有获得一种认真的或广博的教育，获得的只是一种荒谬的和害人的教育。因为虔信与德行是教育的两个最重要的因素，可是总被忽视。①

从这句话我们可以看到，教育家夸美纽斯对德育的重视。在夸美纽斯眼里，不重视虔信和德行培养的教育是有害的，甚至是荒谬的。忽视了这两个因素，教育就会跑偏。

经常听到这样一句话："智育不好是次品，身体不好是废品，品德不好是危险品。"对于教育来说，智育和身体的发育是两架并列的马车，缺一不可。然而，最重要的还有提高自己的品德，做一个对社会有用的人，而不是社会的"危险品"。任何时候，都不能忽视对学生德行的教育。俗话说：人无信不立，国无德不强。立德树人本身就是一个有机的统一体。

医治根深蒂固的疾病是困难的，几乎常常是不可能的。……改良学校是可能的。②

在教育家夸美纽斯眼里，学校是可以进行改良的。改良学校也是可能的，夸美纽斯提出了一种可能的教育体系，在该教育体系中，就极为讲求效益：第一，一切青年都能受到教育，就是将教育权利从富贵人那里扩充到了所有人，受教育对

①夸美纽斯：《大教学论》，傅任敢译，北京：教育科学出版社，1999年版，第十一章第45页。

②夸美纽斯：《大教学论》，傅任敢译，北京：教育科学出版社，1999年版，第十二章第49页。

象的范围扩大了。第二,在这种教育体系中,每个人都能学到一切可以使人变成有智慧、有德行、能虔信的科目,在成年之前完成学业。第三,这种教育是真实的、彻底的,人能亲自钻研事物的根源,获得一种能理解且能利用所学的东西的习惯。第四,这种教育采用一个教师同时教许多学生的方式,教育过程非常轻松,比以前教一个学生要轻松十倍。

可见,学校并非是僵化的组织架构,而是一个可以不断改进、不断完善的组织。对于学校的改善,我们应该坚持这一观点,在不断完善学校硬件设施的同时,不断增进软件设施的改进。

改良学校的基础应当是万物的严谨秩序。①

大教育家夸美纽斯认为,学校是可以改良的,而改良学校的基础应当是万物的严谨秩序。比如,时间的巨流只是由于苍天不变的秩序才这样准确地、连续地分为年、月、日;蜜蜂、蚂蚁和蜘蛛能做出非常精细的工作,叫人容易惊羡却不容易模仿,也是由于它们有种天赋,能在它们的建设中把秩序、数目与质料和谐地结合起来。由此,我想到了学校、班级以及学生个体的管理。在这方面,我们不缺乏成功的经验,但也不缺少失败的教训。成功的教育离不开良好的管理,而良好的管理归根结底还在于制定并坚守一种秩序。

有一所学校,以艺术教育而驰名,学校师生艺术团曾出访过多个国家,小演员们也多次在电视台上表演节目,有的长大已成为很有名气的演员。为了演出的需要,学校艺术团每天都保证有一个小时的排练时间。这对于学生在校时间不准超过六小时的学校来说,无疑是个不小的压力。但是,学校艺术团的教师和小演员们换了一茬又一茬,却没有一个孩子因为排练节目而耽误学习。相反,艺术团中的很多孩子学习成绩在班里都是名列前茅,教师也没有人为地耽误其他教学工作。这着实令人感到惊讶。而这所学校之所以能取得这样的成功,其主要原因之一便是为避免因为排练而影响学习的情况出现,学校制定了相关的规章

①夸美纽斯:《大教学论》,傅任敢译,北京:教育科学出版社,1999年版,第十三章第60页。

制度。比如，学习成绩中等以下者将会被排除出学校艺术团，不管该生在艺术方面如何出色；另一方面，为了保证演出质量，每天一小时的排练时间都必须做到风雨无阻。事实上，在艺术方面长期系统化的训练，使得艺术团的孩子变得格外聪明，学习效率极高，艺术训练对文化课的学习反而起到了催化剂的作用。我想这就是和谐发展，而这种和谐发展的一个很重要的环节就是那些已经被习惯了的规定，也就是这里所说的“秩序”。

现在有些学校和教师以尊重学生主体、张扬学生个性的名义，允许学生上课时随便插话，可以在教师授课时随意走动。我不知道这样的课堂会有多少实效，这样的学生主体性、个性又得到了多大的尊重，这样的学校又有什么教学质量可言。人在惊涛骇浪的海里，坐着几片木头造成的东西，就可以充满自信，安然无恙吗？同样，当我们夜晚仰望天空，可以看见月亮、星星和流云，它们按照一定的规则共同装点了黑夜，使这个世界即使暂时沉浸在黑暗中也不至于令人颓丧。这也同样源于大自然的秩序。万物都有其严谨的秩序，这也是万物赖以生存和发展的基础，教育也不例外。

> 良好的学校组织主要在于工作与休息分配得当，有赖于读书、松缓、紧张的间隙与娱乐的分配。[①]

西方有句谚语说的是：All work and no play makes Jack a dull boy。意思是：只工作不玩耍，聪明杰克也变傻。因此，好的学校组织也应如此，必须协调好工作与休息，不能顾此失彼。大教育家夸美纽斯早就注意到了这一点，因而指出：良好的学校组织主要在于工作与休息分配得当，有赖于读书、松缓、紧张的间隙与娱乐的分配。认真体会这句话，我们能感觉到一个教育家考虑问题的全面和周到。良好的学校组织是什么？或许是个很抽象的、难以回答的问题。然而，在教育家夸美纽斯看来，就是很简单的事，一句话：要工作与休息保持和谐一致。夸美纽斯的这句话对我们今天的学校组织来说，仍有着重要的指导意义。

---

①夸美纽斯：《大教学论》，傅任敢译，教育科学出版社 1999 年版，第十五章第 73 页。

现在很多学校的组织还不够协调，看似课程安排得都很得当，实际上却偏离了方向，过于强调学习工作，而忽视身体休息，甚至牺牲孩子的休息时间。放假本来是孩子休息的时间，结果却被无数的补习班挤占，结果本该愉快的童年变成了一场噩梦，孩子成了最累的人。因此，无论对学校，还是对家庭，协调好工作与休息两者之间的关系异常重要。

学校必须设在一个安静的地点，要远离尘嚣和分心的事物。①

学校环境对培养学生异常重要，教育家夸美纽斯注意到了这一点。因此，他特别强调学校设置的地点应当是安静的、远离尘嚣的地方。教育环境是为培育人而有意识地创设的情境，一般可分为家庭教育环境、社会教育环境和学校教育环境。教育环境既是一般环境的一部分，又因其特有的目的性而不同于一般环境。如父母为培养和陶冶子女，购置有关图书和工具，保持家庭整洁和清静，控制家庭活动和交往；学校有目的地开设课程，建立严格的教学秩序、合理的作息制度，设立开展各种科学、技术、文娱、体育活动的场所，美化校园，保持学校的整洁；社会举办博物馆、图书馆、文化馆、夏令营等，均为青少年儿童的全面发展创设了良好的教育环境。

人类的一切活动都是在一定的环境中进行的，学校教育活动也必然要形成并依托于一定的环境而进行，即形成并依托于学校教育环境。概括来说，学校教育环境是学校教育活动所必需的各种条件的综合，是按照发展人的身心的特殊需要而组织起来的育人环境。我们依据环境组成要素的主要特点可以将学校教育环境分为两大类：即物质环境与精神环境，或称为物理环境与心理环境。前者如校园、校舍、教育设施、教室，以及教室中的色彩、照明度、温度、背景、噪音、班级规模及人数、课堂座位编排方式等。后者指教师与教师、教师与学生、学生与学生等人与人之间的相互作用而形成的心理环境，如校风、班风、课堂教学气氛、各种人际关系等。大量的教育实践表明，教育环境是教育活动的重要组成部分。从表面上看，教育环境似乎是相对静止的，但它却同任何环境一样，都在潜移默化地影响着师生间的教与学。

①夸美纽斯：《大教学论》，傅任敢译，北京：教育科学出版社，1999年版，第十六章第88页。

“孟母三迁”的故事流传千古，脍炙人口，充分说明了不同的环境对人的行为产生的不同影响。孟子小时候家住在靠近墓葬之地，他“常嬉为墓间之事”。孟母将家迁至街市附近，孟子又学了“为贾人衒买之事”。再迁至学宫旁，孟子“乃设俎豆，学揖让进退之礼”。这充分说明了环境对人的行为的影响。

教育场所是学校建筑物所在的地方，是人们从事教育活动的前提条件，包括校址所在地、占地面积的大小等，其中校址的选择尤为重要。夸美纽斯曾设想“学校应在一个安静的地方，要远离尘嚣和分心的事物”，这样有利于学生的人身安全，而且“校内外看上去应富有吸引力”。①

在学校里面和在学校附近，学生都不许和不良的人混在一起。②

夸美纽斯除了提醒我们要保证学生避免不正确、难理解、写得不好的书本的侵袭，还提醒我们要使学生远离不良人群的干扰。他说，在学校里和在学校附近，学生都不能跟不良的人混在一起。我想这也就是我们平时所说“近朱者赤，近墨者黑”的道理。我国古代“孟母三迁”的故事，实际上也是让孩子远离“不良之人”之理。由此，我们可以更加清楚地认识到，家庭和学校，甚至整个社会都应该尽力给学生创造一个良好的接受教育的氛围。夸美纽斯又写道：“园丁也用一道栏杆或用一道篱垣去保护幼小的植物，不使兔子或山羊去啮它，或把它连根拔了起来。”一株植物尚需为它的成长扫清障碍，更何况是人呢？

波希米亚有一句谚语说，“学校没有纪律犹如磨盘没有水”，这是很对的。因为如果你从磨坊取去了水，磨盘就会停止，同样，如果你从学校取消了纪律，你就是剥夺了它的发动力。田地也一样，如果从来没有经过耕耘，它便只能生出莠草；树木如果不去常加修剪，它们便会恢复它们的野生状态，结不了果实。但是大家不可认为我们希望学校充满呼号与鞭挞的声音。我所要求的是教师与学生的警醒与注意。因为纪律不是别的，它只是一种不会失败的方法，我们可以用来使我们的学者变成真正的学者而已。③

①吴立岗、夏惠贤主编：《现代教学论基础》，南宁：广西教育出版社，2001年版，第363页。

②夸美纽斯：《大教学论》，傅任敢译，北京：教育科学出版社，1999年版，第十六章第89页。

③夸美纽斯：《大教学论》，傅任敢译，北京：教育科学出版社，1999年版，第二十六章第198页。

从这句话中可以看出教育家夸美纽斯对学校纪律的重视。纪律,可以说是学校运行的动力系统。没有了纪律,学校就容易涣散。因此,从这个意义上来说,学校是实施纪律教育的场所。夸美纽斯认为,严明的纪律是学校得以正常运行的基础。没有了纪律的学校就如同磨坊没有水一样。然而,夸美纽斯也认识到纪律是必须的,但不是万能的。对于道德领域以外的问题,不应该用严厉的纪律。特别是在学习和学术方面,教师要像太阳一样去温暖学生,使他们爱好学问。另外,对于纪律的运用要讲求策略,在全班同学面前表扬一个学生对于其他学生有很大的激励作用。可是,夸美纽斯主张当着全班同学讽刺、责骂一个学生以期对他起到激励作用的做法是不妥当的。他说:“取笑落后的学生常是有用的。”然而事实证明,讽刺、责骂的话不但不会起到激励学生的作用,反而会极大地伤害学生的自尊心,或者激起他们的仇恨及对学习的排斥。

因此,一方面我们要理解夸美纽斯的真正用意,重视纪律;另一方面,也不能将纪律神话、将纪律看成是无所不能的。在规范学生的行为方面,纪律的确起到了非常重要的作用,然而,在教化学生方面,还需要有爱的付出,用爱心去呼唤爱心,用行动去感染学生。

四、论教学

有人提出异议,说该学的科目很困难,不是大家都能领会的。

只要方法上的阶梯排列得合适、数目充足、坚固和安全,无论什么人都是能够借以达到他所希冀的高度的,这是一件毫无疑问的事实。[①]

对学生潜力的信任,在夸美纽斯那里表现得很明显,这充分表现出一个教育家以生为本的人文情怀。首先,我们应该相信学生是能够达到他所希冀的高度的,关键是要方法得当。我们经常说“没有教不好的学生,只有不会教的老师”就

①夸美纽斯:《大教学论》,傅任敢译,北京:教育科学出版社,1999年版,第十二章第53页。

是这个道理。当前，这句话在教育界广为流行，并已成为人们普遍认同和接受的一种“教育新理念”。而从夸美纽斯这里，我们也似乎可以看到一些佐证。

当然，也许有人对“没有教不好的学生”提出异议。其实，这句话体现的不是一个事实，而是教育工作者对学生的热爱，对教育事业的执著追求，是一种对学生负责的态度。也就是说，他强调的是对学生负责的态度。“只有不会教的老师”则是对教师的一句警示，是希望每位教师都能严于律己，诲人不倦，不断学习，努力掌握教学方法与教学技能。

当我们面对一个个屡教不改、知错又犯的学生时，让我们少几分埋怨，多几分反省，从而寻找更有效的教育方式，也许会多培育好一个孩子，对我们自己而言，也是一种进步和提高。

“没有教不好的学生，只有不会教的老师”更是一种态度、一种责任，一种对学生的爱，是对教师的鞭策，是对学生的满腔关爱，也是对教师、对家长、对社会的一种警示……

总之，在培养人成才的过程中，教师的角色至关重要。夸美纽斯说，“学问、德行和虔信的种子自然存在我们身上”“一切人类的目标都是一样的，就是知识、德行和虔信”。既然这样，“孺子不可教，朽木不可雕”又如何解释？他又说，“学生之所以憎恶学问，原因是在教师自己身上”“有人说，有些人的智性非常迟钝，要他们去求知识是不可能的。我的答复是：我们差不多找不出一块模糊的镜子模糊到完全反映不出任何形象的地步，我们也差不多找不出一块粗糙的板子到完全不能刻上什么东西的地步”。

教师很重要，他能成就一个人，也能毁灭一个人。“世上没有一座岩石或高塔，高到了在合适的位置放了梯子，或在石上凿好了台阶和装上防止跌落的栏杆之后还没有人爬得上去的。只要方法上的阶梯排列得合适、数目充足、坚固和安全，无论什么人都是能够借以达到他所希冀的高度的，这是一件毫无疑问的事实。”教师就是用爱与责任和学生一起建好台阶，搭好梯子，让学生攀登智慧高塔的人。

“培养一个人就培养他的自信心，摧毁一个人就摧毁他的自信心。”教师最重要的任务就是给每一个学生以自信。

> 在知识的阵营里面也是一样的；迂缓的和迅捷的，愚鲁的和机敏的，顽强的和柔顺的，都混在一起，他们需要指导时，都受同样的训条与榜样的指导。

> 我说才智不同的人应当混合起来，我所注重的是对学生的额外帮助，不止限于施教的地点。比如，教师倘若发现某个学生比其他学生都聪明，就可以给他两三个愚蠢的孩子，让他去教；倘若他看见某个学生比其他学生都可靠，可以让他去监督并管束那些品格较差的孩子。只要教师经常监督他们，使一切事情都照理性的规定去进行，他们双方都可以从此得到巨大的利益。①

这不就是我们今天所说的“合作学习”吗？尽管夸美纽斯没有使用这个概念，但他的想法已经超前了。有时学生间的互教互学反而比教师教学的效果更好，其原因在于他们之间的思维距离小，甲生遇到的学习障碍也可能是乙生遇到的学习障碍，因而学习也就有了更多的针对性。教育的方法应该是减轻学习的苦楚，使学生在功课上不受到阻碍，帮助其进步。

事实上，不同才智的学生在一起学习，相互之间会形成一种激励的力量。有时，这比简单的说教更有作用。这就需要教师在课堂上适当地安排小组学习，让学生们在一块相互学习。

对于教师而言，应该教给学生合作学习的基本方法。例如小组的确定、小组

---

①夸美纽斯：《大教学论》，傅任敢译，北京：教育科学出版社，1999年版，第十二章第58页。

成员角色的分配、根据个人个性和特长等开展合理的分工、给所有学生都创造平等参与的机会等等，这都是颇有讲究的。小组交流一般应涵盖两方面的内容：一方面表述自己的见解看法；另一方面则要倾听他人的意见。掌握了合作的方法，明确了合作的内容，在小组内的合作学习才会使人人都能感受到交流的快乐，分享合作的愉悦。只有这样也才能培养合作意识，获得真正意义上的团队学习成果。

在小组合作学习过程中，教师应该扮演好自己的角色。很多时候，教师站在讲台上，让下面的学生一组组开展学习与讨论，看似热闹的场景，实质上学生有没有开展有效性的学习活动，讲台上的教师是不知道的。因此，教师必须融入其中，参与到小组学习中去，而不是成为局外人。

也就是说，教师的角色不能只局限于做讨论的组织者，也应该参与到学生的探讨中去，和他们一起学习，并指导他们如何发表自我见解，或者以自己的发言暗示引导学生如何发言，教学生如何说出自己的观点，和学生一起讨论，逐渐培养学生发言的习惯和兴趣。

一切事物都是有赖于它的各个部件的和谐工作的。

所以，教学艺术所需要的也不是别的，只不过是要把时间、科目和方法巧妙地加以安排而已。[1]

英国学者阿什比也阐述过同样的观点：“大学教育的试金石不是讲授伟大真理，而是用什么高明的方法来讲授伟大真理。所以，讲授什么不及如何讲授更重要。”[2]可见，相对于知识内容而言，教学方法的选择与运用亦非常重要。换言之，教师要懂得善于操纵时间、科目和方法的艺术，而非仅仅是教学。当然，教学艺术

---

①夸美纽斯：《大教学论》，傅任敢译，北京：教育科学出版社，1999 年版，第十三章第 63 页。

②阿什比：《科技发达时代的大学教育》，藤大春、藤大生译，北京：人民教育出版社，1983 年版，第 18 页。

在夸美纽斯那里仍然是指理想的教学自身。这种巧妙安排的艺术与夸美纽斯的秩序观是一致的。

良好的教学艺术,就是一种排列良好的秩序,关键在于如何安排各种要素,使其和谐、有序。

如,有的教师设计的《桃花源记》是这样的:(一)熟读课文:学生大声朗读课文→大声、流利地朗读课文→大声、流利、快速地朗读课文。(二)解读背诵:结合注释,口译→质疑问难,师生共同解决→理清脉络,熟读成诵。(三)梳理积累:1.文学知识:时、地、名、评、作。2.通假字。3.古今异义词:"妻子""绝境""鲜美""交通""无论""不足""如此"。4.一词多义:志、寻、得、舍、为、去、之。5.一义多词:找出能解释为"都、顺着"的词语。6.带"然"的词语及释义。7.写出出自本文的成语:世外桃源、怡然自得、豁然开朗、无人问津、鸡犬相闻。8.难句翻译。

这样的教学让人一看就感觉非常有层次、有逻辑,符合人们对事物的认知规律。所以说,教学绝不是简单的排列组合,而是根据学生的认识规律有组织地设计过程。这里凸显的是教师的智慧和创造。

> 秩序是把一切事物教给一切人们的教学艺术的主导原则,这是应当并且只能以自然的作用为借鉴的。一旦这个原则彻底地被掌握以后,艺术的进行立刻便会同自然的运行一样容易,一样自然。①

夸美纽斯尝试从自然发展的"秩序"(普遍法则)中寻求教育活动的内部规律,并有意识地将寻求的结果用以指导教育实践,实属难能可贵。

他能借助日月运行、动物活动、人体结构、国家组织等例子来说明在宇宙万物中存在着一种永恒存在且普遍发生作用的"秩序",并将这种"秩序"视为万物

---

①夸美纽斯:《大教学论》,傅任敢译,北京:教育科学出版社,1999年版,第十四章第65—66页。

和谐发展的灵魂，是不容易的。这给我们的启示就是，教师欲成功地开展教学活动，需要放开视野，像园丁、画家和建筑师那样将求教的目光投向大自然，从大自然中寻求教育工作的内部“秩序”，对大自然的借鉴和模仿就是教学活动的金科玉律。这就是教学活动中的“师法自然”原则吧！所谓的师法自然，就是以大自然为师加以效法的意思。师法，是全面的师法自然，这就是科学。科学的方法要师法自然，科学的发展在于师法自然，科学的对象也在于师法自然——对这对象一切的认识、利用，都在于师法自然。①

作为自然的一部分和上帝所有造物中最完善、最崇高、最美好者，人的身上也体现着自然的严谨秩序，即人的自然本性、儿童的年龄、心理特点和个性差异。

对于一名教育工作者而言，我们应该尊重并努力发掘教学活动中的“秩序”，自觉地遵循秩序，努力发现教学中的规律，努力遵循儿童身心发展规律。只有这样，才能真正体现“以生为本”的要求，才能促使每个学生全面、和谐、健康地发展。在教育家夸美纽斯看来，只要把握住秩序的原则，泛智教育的目的是完全可能实现的。对于教学来说，教学艺术所需要的也不是别的，只不过是要把时间、科目和方法巧妙地加以安排而已……而这种秩序“应当以自然为借鉴”。借鉴自然，用自然的规律来指导教学的确有一定的指导意义。其中，最大的一点就是要求教育工作者遵循儿童成长的规律，不揠苗助长，也不扼杀每一颗幼苗的成长，而是去发现、去帮扶、去启发。

教导的严谨秩序应当以自然为借鉴，并且必须是不受任何阻碍的。②

夸美纽斯坚信教育是有规律的，并以“适应自然”与“遵循秩序”的原则来构筑他的教育理论。他认为，自然是有秩序的，而人是自然的一部分，所以教育也应遵照自然的秩序，“秩序是把一切事物教给一切人们的教学艺术的主导原则，

①夸美纽斯：《大教学论》，傅任敢译，北京：人民教育出版社，1984年版，第79页。
②夸美纽斯：《大教学论》，傅任敢译，北京：教育科学出版社，1999年版，第十四章第64页。

这是应当并且只能以自然的作用为借鉴的”，夸美纽斯深信“教育适应自然”的原则，坚信由此可以改良学校，为男女青年提供全面的教育。

教学的严谨秩序来自何处呢？夸美纽斯认为来于自然，而自然来于上帝。他指出，“秩序”最为根本的来源在于上帝。上帝是永生、智慧和幸福的根源，上帝为人计划了天、地以及天地之间的一切。作为天地间的造物之一，人类这种完善的生物注定有一个更高的目标去实现——要与一切完善、光荣，与幸福的极致的上帝相结合，要与上帝永享最高的光荣和幸福。造物主按照自己的形象创造了人，并使其成为一切造物的主宰，所以在人的身上体现着上帝的意旨，体现着上帝秩序的要求。为实现这一目的，人就要成为理性的动物，要熟悉外物，要具有博学的知识；要具备管束万物使其发挥各自正确目的的能力，因而要具有德行；要能够使自己与万物均归于上帝的能力，具有适当的宗教或虔信。培养博学、德行和虔信就应该成为学校教育的任务。学校教育在实施的时候，应该充分认识到博学、德行和虔信的教育应该依据这三者。①

显然，夸美纽斯的这些论述更多地受基督教义的影响，然而，其以自然为鉴组织教学的思想却有重要的启发意义。马克思主义强调客观规律，遵循客观规律，实际上就是以自然为鉴，以自然为师。从这一点上，我们也应该反思我们的教学是否真的以自然为鉴了。

> 一切学科都应加以排列，使其适合学生的年龄，凡是超出了学生理解的东西就不应让学生去学习。②

教学要量力而行，要适合学生的年龄或接受能力，不能超出儿童的承受能力和理解能力。“一切学科都应加以排列，使其适合学生的年龄，凡是超出了他们理解的东西，就不要给他们去学习。”这就是大教育家夸美纽斯提出的量力性原则。

---

①王保星：《自然·秩序：夸美纽斯教育理论的逻辑起点》，《河北师范大学学报（教育科学版）》2006年第5期。

②夸美纽斯：《大教学论》，傅任敢译，北京：教育科学出版社，1999年版，第十六章第78页。

夸美纽斯非常强调教学要适应自然、顺性量力。无论做什么事情,除非不仅是青年人的年龄与心理所许可,而且真是他们所要求的,其他都不应该教他们。凡是没有被悟性彻底领会的事情,都不可用熟记的方法去学习。并且,若不是绝对有把握,知道学生具备了记忆某种事情的力量,不可要求他去记忆。他还把学生喻为“窄口的瓶子”,如果大量的水猛烈地倒进去,瓶子里的水要比慢慢地倒进去的还少。“有些人教学生的时候,不是尽学生所能领会的去教,而是尽他们自己所愿教的去教,他们的做法也一样蠢;因为才力是要加以支持的,不可负累过度,教师和医生一样,是自然的奴仆,不是自然的主人。”夸美纽斯还认为教学应该循序渐进。他说:“我们的格言应当是:凡事都要跟随自然的领导,要去观察能力发展的次第,要使我们的方法依据这种顺序的原则。”学校自始至终要按学生的年龄及其已有知识循序渐进地教导。所以,每门学科都应该分成明确的步骤去教授,使今天的功课可以扩充前一天的,引起后一天的。一切功课都应该这样安排,使后学的能够依靠先学的,使先学的能靠后学的固定在心灵里。学生也“应当循序渐进地学习一切,在一段时间内只应当把注意力集中在一件事情上”。

由此,给我们的启示就是,教育儿童一定要考虑到他们的年龄阶段、心理特征,不能超过其接受能力,否则就会适得其反。

书籍与教学所需的材料必须事先准备好。①

通过这句话,可以看出教育家夸美纽斯对课堂教学准备的强调和重视。不备课不许进课堂应该成为一条纪律。的确应该如此。一名教师最大的工作就是备课,不但应该备所教的课程,还应该准备好教学所需要的一切。

那么,如何备课呢?备课都需要备哪些东西呢?教育家夸美纽斯告诉我们,备课需要准备教学所需的一切材料,包括书籍和教学所用的一些材料。这些都准备齐了,才能开始真正的教学。这与我们的课题要求是一致的。我们经常说,台

①夸美纽斯:《大教学论》,傅任敢译,北京:教育科学出版社,1999年版,第十六章第79页。

上一分钟，台下十年功。其实，教学物品的准备仅仅是一个基础，关键还是教学艺术、教学本领的准备和提高。这就需要我们每一位教师大练基本功，外树形象，内练内功。只有这样，才能在三尺讲台上游刃有余。

> 甚至在语文学习方面，正确的次序也被颠倒了，因为学生不是从某个作家或从一种熟练地编辑出来的片语集开始的，而是从文法开始的；其实，作家（和他们用自己的方式所写的片语集）可以供给言语的原料，即字眼，而文法则只能供给形式，即关于字的组成、次序和结合的法则。①

"一切语文都不要从文法去学习，要从合适的作家去学习。"这句话告诉我们，语文教学不是单纯地给学生讲解抽象的语法，而要让学生从作家的作品着手，感悟、研读、品味，从而获得语文素养。

在教学中，应注意培养学生多读名著，可以每周开设一节阅读课，每天坚持半小时的阅读。书读多了，字词、语法、修辞等自然会明白，语文素养在潜移默化中自然会提升。我们过去的语文教学过于强调字词、语法，而忽视了文章的意境，忽视了语文素养的提升。结果，学生只能天天写生字，日日练习造句子。其实，只要书读的多了，结构、字词就都不在话下了。

从表面上看，这似乎是教学内容的改变，其实则是一种教学观的改变。孤立地教学字词、语法是一种片面的、孤立的教学观，而从文章、从原著的整体面貌来感悟语文的魅力，则是一种整体的、系统的教学观。这俨然是一种更先进、更科学的教学观。

> 例证应比规则先出现。②

在具体的教学过程中，教育家夸美纽斯提出了例证在先的原则。

①夸美纽斯：《大教学论》，傅任敢译，北京：教育科学出版社，1999年版，第十六章第79页。
②夸美纽斯：《大教学论》，傅任敢译，北京：教育科学出版社，1999年版，第十六章第80页。

小心谨慎的建筑家在开始建造一所建筑以前，便先去收集许多木材、石灰、石头、铁，以及其他种种必需的东西，使自己日后不因缺乏材料以致被迫停止工作或发现建筑物的坚固性受了损害。而学校的有些书籍里，总是不自然地把事物的分类放在关于事物本身的知识前，虽然在被分类的事物没有出现以前，分类是不可能的。其中的一个例子就是，先教的是抽象的规则，然后才勉强找几个例子去解释。类似自然界的各种现象和其他行业的各种做法，在教学中教和学的东西也同样应该按事物出现的先后次序去教与学，不可颠倒顺序。

数学知识是来自于生活和生产的，是从生活经验中总结得来的，所以我们不能在教给学生数学知识后，才用生活中的例子去验证它们，而应该从生活或生产中的例子出发，引出学生所需学习的数学知识。这不仅遵循了知识产生的规律，而且也让学生知道了知识不是凭空产生的，便于学生理解和记忆。

我们有些教师应用题教学便犯了这种错误，学生在学习了很多运算规则后才专门学习知识的应用，以致很多学生认为应用题是最难的题型，这是由于我们没有从应用题开始引出知识。而现在所倡导的"情境"教学法即是要求给学生讲清楚数学知识的来龙去脉，从实际例子引出数学知识，这是符合夸美纽斯的自然适应原则的。①

凡是进了学校的人都要坚持学习。②

教育家夸美纽斯对学生的学习是很重视的，他强调凡是进了学校的人都要坚持学习，不可半途而废。其实，这里强调的就是纪律，没有学校规章的约束，学生就会学无所获。

在夸美纽斯的教育思想中，制定规章制度、加强教学管理是为了改变中世纪

---

①刘婧：《夸美纽斯的教育思想对数学教育的启示》，《知识经济》2010年第18期，第132页。

②夸美纽斯：《大教学论》，傅任敢译，北京：教育科学出版社，1999年版，第十六章第81页。

教学杂乱无章的局面，提高教学效率，实现“容易、彻底和迅速结合在一起的教学”而进行的一系列教学改革的重要内容。

夸美纽斯为了提高教学效率，力主建立学校的秩序。为统一学校工作制度，他提出了学年制以纠正学生入学、毕业无计划的混乱现象。学生入学后必须遵守学校的纪律，否则将受到惩罚，纪律本身就有充分的力量可以保证每一位学生都不规避学习。同样，“凡是愿意在学校里面求学的人就必须服从学校的纪律”“凡是进了学校的人都要坚持学习”。

这好像是给学生提出的要求，其实也是给学校提出的要求。它要求学校要严格管理，把学生的学习置于首位。学校，顾名思义，是学习的地方，是培养人的地方。因此，凡是进入学校的人，都应该坚持学习，直到学有所成为止。

*在开始任何专门学习以前，学生的心灵要有准备，使能接受那种学习。*①

教育家夸美纽斯非常强调课前的准备，不但要求每位教师做好准备，还要求每位学生要有心灵准备。这与孔子的“学而时习之”的理念是相似的。

目前，中小学生的预习习惯普遍较差，甚至没有预习的习惯，因此听课时毫无思想准备，缺乏学习新知识的心理准备状态。究其原因是他们没有预习能力、不知道怎么预习、从何入手、要达到什么目的、预习与听讲有什么关系，等等。有的学生虽在课前粗粗看过一遍教材，也只是走马观花，无的放矢，起不到预习的真正作用。为此，教师应根据教材的不同难度、不同教学目的和学生的不同基础、接受能力，提出预习要求，让学生有心理准备。只有让学生有了心理准备，听课过程才能更加顺畅。

如语文课教学要求先通读，把课文读通，读懂；在课本上把难词、难句，重点、难点部分的概念、法则、原理等用圈、点、线等符号标出；也可把自己不懂的

①夸美纽斯：《大教学论》，傅任敢译，北京：教育科学出版社，1999年版，第十六章第81页。

问题或好的想法、个人见解等从旁加以注释或眉批；还可由教师先布置预习作业，让学生在预习后作答等等，（但很重要的是设计的问题要给差生创造一种成功的情景，这可以鼓励他们在学习中作出新的努力。）这样一来，既培养了学生的预习能力，养成良好的预习习惯，又可使他们具有学习新教材的心理准备，以便有的放矢地听老师讲解，从而提高学生的注意力和兴趣。通过预习还可解决新课的部分问题，学生听课时就知道重点、难点、关键之所在，目标明确，学得主动。而且预习时思考过的作业题可成为听课的钥匙和线索；还可提高课后复习和作业的速度与质量。因此，抓好学生预习工作这一薄弱环节是改善他们智力结构、提高学习能力的重要手段。

自然的作为不是杂乱无章的，它在前进的时候，是界限分明地一步一步进行的。①

学校应当这样组织，使学生在一定的时候只学一件事情。②

从这句话中我们可以看出，教育家夸美纽斯并不赞成给学生安排过多的课程，让学生一下子学很多东西。他认为，应当使学生在一定阶段专注于一件事情，也就是我们经常说的要专一。而学校的职责就在于给学生创造这样的条件，让学生在一定的时间只做一件事情，只有这样，才能学有所获，否则，什么都学，结果就是什么都是蜻蜓点水，什么都不深入，最终可能一事无成。夸美纽斯的建议值得我们深思。我们希望学生都能成为天才，可是，我们必须科学地组织教学，而不能硬塞给他们。

夸美纽斯强调，学校的组织应该是适度的、循序渐进的，应该能让学生专心致志地投入进去。而反观现在的教学安排，似乎有悖于学生的身心规律，每日安排大量课程，让学生应接不暇。这样并不是一种很好的方法，因为很难让学生专心致志地集中精力去学习，也会造成学习效率低下等问题。也就是说，课程并不是安排得越多越好，而是要符合学生的接受能力和身心发展的规律。

①夸美纽斯：《大教学论》，傅任敢译，教育科学出版社 1999 年版，第十六章第 81 页。

②夸美纽斯：《大教学论》，傅任敢译，教育科学出版社 1999 年版，第十六章第 82 页。

现在的家长，一到周末就给孩子报各种各样的学习班，让孩子学书法、钢琴、舞蹈，等等。家长的初衷是好的，望子成龙、望女成凤，但结果增加了孩子的负担，搞得孩子疲惫不堪，效果反而不好，不利于孩子的全面发展。

学生首先应当学会理解事物，然后再去记忆它们，在这两点经过训练之前，不可强调言语与笔墨的运用。①

这句话是夸美纽斯针对那些不负责任的教师提出来的。这些蹩脚的教师有一个共同点就是：自己一知半解，不会把教学内容给孩子们讲清楚、讲彻底，只会要孩子们死记硬背，无休止地要他们默写。夸美纽斯指出，这样的教学只能引起孩子们的厌恶，而不能引起孩子们的学习兴趣，应该加以摒弃。最好的办法就是先让学生去理解事物，在理解的基础上进行记忆，这样就会收到事半功倍的效果。

曾有一段时期，我们让孩子们沉浸在题海之中。无休止的练习，大量重复的作业，给孩子们带来了很大的压力。看着我们的孩子每天苦苦挣扎于题海之中而厌学不堪，看着高考一结束满地扔书甚至集体焚书的现象一再发生，我们每一个教育工作者都应该感到汗颜。我们应该反思我们的教学，是我们的方法不当，还是有其他什么问题？总之，我们要秉着“一切为了孩子，为了孩子的一切”的教育理念，不断去改进我们的教学方式和方法。

五、论教师

有一个故事，说到一个哲学家，他有两个学生，一个很懒，一个很用功。两个学生都被老师打发走了，因为一个虽有能力学习，却不大肯学习，另一个虽则渴望求得知识，却没有能力去求得知识。但是，假如我们指出，学生之

①夸美纽斯：《大教学论》，傅任敢译，北京：教育科学出版社，1999年版，第十六章第83页。

所以憎恶学问，原因是在教师自己身上，不知道事情又当怎样？亚里士多德说得对，他说一切人类生来都是渴于求知的，事情确是如此。[①]

夸美纽斯的这句话值得我们深思。这与那句“没有教不好的学生，只有教不好的老师”如出一辙。经常听到有些教师私下里抱怨，说现在的学生不好教，不好管，都不爱学习。其实，学生不爱学习，首先反思的应该是教师。教师应该主动反思自己的教学方式、方法，去寻找学生厌学的原因，然后对症下药，找出解决问题的办法。而不是只抱怨，不去行动，不思改进。我想，一个有责任心的教师应该主动去反思自我，查找原因，并不断地去改进教学方式、方法，不断完善教学技能，不断提高教学水平，最后做一名合格的教师。

教师应该关注儿童的兴趣、爱好。学生不爱学，跟教师没有调动起学生的兴趣、积极性不无关系。俗话说，兴趣是最好的老师。如果教师只顾着自己传授知识，不顾及孩子们的感受；只注重填鸭式的灌输，不注重循序渐进的引导，怎么能不让学生厌学呢？责任又怎能不在教师呢？《中华人民共和国教师法》明确规定：教师是履行教育教学职责的专业人员，承担教书育人、培养社会主义事业的建设者和接班人、提高民族素质的使命。可见，教师这一职业是一种专门性的职业，最基本的特征就是教书育人。学生的发展出了问题，教师自当反求诸己，多从自身找原因，找出解决问题的办法，而不是推卸自身责任，诿过于人，让别人来代己受过。

百年大计，教育为本；教育大计，教师为本。广大教师必须树立高度的责任感、使命感，爱岗敬业，热爱学生，诲人不倦，学为人师，行为世范，完成立德树人这一教育的根本任务。

教师应该知道一切可以使悟性变敏锐的方法，应当熟练地应用那些方法。

①夸美纽斯：《大教学论》，傅任敢译，北京：教育科学出版社，1999年版，第十二章第54页。

> 有些教师在这一点上犯了错误,他们不对他们所教的孩子把学科彻底讲解清楚,却无止无休地要他们默写,要他们死记硬背。即使其中有人愿意讲清楚教材,也不知道怎样去讲清楚,就是说,不知道怎样去照料知识的根芽,不知道怎样进行知识的接穗。他们这样把学生弄得精疲力竭,就像一个想要在树上切一个切口的人一样,不去用刀,却用一根棍棒或者一个木槌去代替。①

夸美纽斯认为,作为一名教师,他不但应该有足够的耐心去教导学生,还应该懂得各种教导学生的方法,并且熟练地去应用它们。这就要求教师要努力钻研教学规律,把握教学方法,讲求教学策略,只有这样才能使学优生更优秀,使学困生有所进步。

教学是一门艺术,对于教师而言,应该努力去钻研,掌握教学所需要的各种方法。一堂好课,不管什么内容,如果仅仅只满足于教给学生知识,发展学生的能力,提高学生的操作水平,那是远远不够的。教师语言的流畅、简练、准确、优美、幽默,教师手势、体态语言、面部表情的丰富多彩,教师个人的知识储备、生活阅历、生活经验,教师对学生的知识结构的把握,对学生学习情况的熟悉与了解,对课堂上学生的组织与管理、教学方法等都是影响教师教学技艺的重要方面。而这些都需要教师们去努力学习。

在当代,随着信息技术的普及,知识日新月异,每个人都需要不断学习才能跟上时代的步伐。而教师要树立终身学习的理念,不断学习,研究教学对象。现在的学生都是出生在新世纪,从小接触新技术、新科技的成果,他们的想法和看法已经发生了很大的变化。对此,教师应该不断更新方法,掌握让学生变得更敏锐、能力获得提升的教学方法。

总之,当代教育形势的发展,不但要求教师具有超前意识,而且应具有丰富的人文素养,以及利用信息技术辅助教学的能力,具有人本主义精神,能关注学

①夸美纽斯:《大教学论》,傅任敢译,北京:教育科学出版社,1999年版,第十六章第83页。

生的成长与发展，能把握教育发展的大趋势，能够利用教育心理学原理解决实际问题，掌握各种帮助学生提升的方法，并不断在教学中开拓创新。只有如此，才有可能在课改中游刃有余，不断提高自己的教学技艺。

> 不先把整个知识领域的一般轮廓放在学生跟前就去详细教授科学的各个部门是错误的，谁也不应该这样受到教导去精通知识的某一个部门，而没有彻底懂得它与其余一切部门的关系。①

这是夸美纽斯提出“自然并不性急”原则的一个具体应用，根据这个原则，他认为传授知识应注意从整体到部分，从普遍到特殊。也就是说，“让学生自然生长”中的“自然”不仅“不性急”，而且是“整体”的。

自然在它的形成过程中是从整体（普遍）到细节（特殊）的。比如：一只鸟儿要从一个鸟卵产生出来，先形成的并不是鸟头、一只鸟眼、一根鸟毛或一只鸟爪，而是按照下列的程序：整个鸟卵得到了温暖，温暖产生运动，这种运动生出一个血脉系统，这就构成了一只鸟的轮廓。在这个轮廓没有完成以前，个别的部分是不会被完成的……由此，夸美纽斯得出结论：不先把整个知识领域的一般轮廓放在学生跟前就去详细教授科学的各个部分是错误的。

姑且不论夸美纽斯这样论述是否具有科学性，但从中我们可以得出这样的启发：就是在教学之初，先让学生获得一个整体的印象，然后再深入具体的内容中去，这样是有必要的。就如教学生们画画，先画个大体的轮廓，然后逐渐深入到画中事物的每一个方面。这样，就能够给学生一个整体的印象，而不至学生对要学的东西感觉迷茫，不知所从。

由此可见，夸美纽斯的这句话对我们的教学具有一定的启发意义。比如在课程开始之前或新课的导语部分，可以适当地讲解一下这节课的梗概，让学生有一个大体的印象。这对于教学的顺利进行是很有必要的。

---

①夸美纽斯：《大教学论》，傅任敢译，北京：教育科学出版社，1999年版，第十六章第84—85页。

每种语文、科学或艺术必须先教它的最简单的原理,使学生对它能得到一种概念。第二步就可以把规则和例子放在他的跟前,进一步去发展他的知识。然后他就可以系统地学习那门学科,并且学习它的例外的与不规则的地方。最后,就可以给他一种评注,虽则只有在绝对必要的情况之下才能给他。因为凡是开始就彻底学会了一门学科的人是很少用得着评注的,他是不久就可以自己去写评注了的。①

这段话体现了夸美纽斯循序渐进的教学思想。他主张学生在学校中应该学习周全而系统的知识,为了实现这个目的,应先从教学要有系统性的计划做起,如由易到难,由近及远,后教以先教为基础等规则。他指出:“假如能让新的语文的学习逐渐进行(因为这是最容易的),然后再学写作(因为这里还有思索的时间),最后才学说话(这一点最困难,因为说话的步骤是很迅速的)。”而对于每种学科的教学,应从它们最简单的原理入手,先让学生得到关于这门学科的梗概,也就是初步的印象。有了初步的印象后,就可以引入实例,介绍一些规则,进一步发展他的知识、拓展他的视野。随着视野的开阔,他就可以系统地学习这门学科了,从规则的实例扩展到不规则的情况,逐渐掌握这门学科的特殊性。

由此可见,夸美纽斯强调教学应有一个渐进的过程。反观我们的教学,急功近利的思想过于严重,为了应付升学考试,一味地赶进度、压缩教学过程,学生还没有完全适应旧知识时,新的知识又来了,这样使学生对旧知识囫囵吞枣、难以消化,对新知识也就难以接受。因此,在教学过程中,一定要把握“度”,遵循循序渐进的原则,不可逾越学生的身心发展阶段。

假如教师不为本身设想并为学生设想,不把他们所教的学科分成阶段,使每一阶段不仅可以直接导入另一阶段,而且每一个阶段都可以在一定的时限以内教完,这显然是很荒谬的。

①夸美纽斯:《大教学论》,傅任敢译,北京:教育科学出版社,1999年版,第十六章第85页。

各个班级的一切功课都应该仔细分成阶段，务使先学的能为后学的开辟道路，指出路径。[①]

大教育家夸美纽斯的这句话实际上强调了教学的目的性和阶段性。就中学生来说，合理的学习目标应是在总目标指导下的目标系统，这个系统是多层次的。具体目标与总目标之间是不断递进的关系，为实现总目标服务；总目标是制定具体目标的依据，对具体目标起指导作用。

教师在传授知识时，一定要使知识系统化。如果偏离这个要求，学生的知识也将是混乱的。“教学是混乱的，学习也就是混乱的。”按照夸美纽斯的意见，教学的各个步骤必须互相关联，教学内容的安排必须依据从普遍到特殊的法则。他指出，经院主义教育就违背了这一法则。在经院主义学校中，教师在学生获得各门学科的基本概念之前，就用杂乱无章的规则、评注、各家之说的比较，以及一切例外和不规则的细节，将学生“弄得头昏眼花”。他说，必须矫正这种没有系统的毛病，必须将所学的科目的知识加以排列。无论是语文还是科学或艺术，都应该先教它的简单原理，使学生对它获得一种概略的认识，然后再讲解各种规则，最后再讲各个细节。

和教学系统化要求紧密联系的是教学必须循序渐进的要求。夸美纽斯说：“一个学生只能一步一步地达到熟练精通。”他认为，教学必定要按一定的秩序和阶段逐渐向前发展。“总要渐渐进行，决不可以跳越。”他说，只要不断前进，学生就可以获得显著的进步。他要求将各个班级所有的功课都仔细划分出一些阶段，“务使先学的能为后学的扫清道路，给予解释”“除非前一个题目已经掌握好了，不要放弃它又进行另一个题目”。由已知到未知，由易到难，由简到繁，由近及远，由具体到抽象，是夸美纽斯经常提到的一些教学规则，值得我们学习和借鉴。

假如孩子们连续上了几个月或者几年学之后，又长久地退出学校，去做别的事情，那是有害的；假如教师一会儿开始这门学科，一会儿又去开始那门

①夸美纽斯：《大教学论》，傅任敢译，北京：教育科学出版社，1999年版，第十六章第86页。

学科，什么都没有满意地做完，也是同样有害的；最后，假如他不为每一个小时派定一定的工作，把工作做完，使他的学生在每个时限之内得以向着所望的目标得到明显的进步，那也同样是致命的。[①]

《孟子》中载："虽有天下易生之物也，一日暴之，十日寒之，未有能生者也。"在教学过程中，专心致志地从事学习或教学是很关键的，一曝十寒是有害的。夸美纽斯也注意到了这一点，指出如果孩子们连续上了几个月或者几年学之后，又长久地退出学校去做别的事情，那就是有害的。同样的道理，假如教师一会儿开始这门学科，一会儿又去开始那门学科，什么都没有满意地做完，同样也是有害的。

这就告诉我们，学习也好，教书也罢，都应该坚持不懈，持之以恒，不能三心二意。这就要求，我们的教师在教学过程中，应该注意培养学生专注的精神，务必使学生坚持学习，直到学有所成。同时，对于学校而言，应该知人善任，不应随便调换老师，应该培养专职教师，让老师专注于某一科。

然而，现实中很多地方由于师资欠缺，只能临时让老师们兼任一些副科。这样，很容易造成所开设的课程形同虚设，起不到真正的作用。因此，设法解决师资问题，让所教的课程常态化、专业化，是目前开设相应课程的一大措施。

六、论家教

家庭是每个孩子出生后最初的学校，在这里我们必须把一个人在人生的旅途中所当具备的全部知识的种子播种到他身上。[②]

夸美纽斯认为，每一个家庭就是一所母育学校，母亲就是儿童的第一位教师。母育学校的任务是奠定儿童体力、道德和智力发展的基础。他说："树木刚一

①夸美纽斯：《大教学论》，傅任敢译，北京：教育科学出版社，1999年版，第十六章第87页。
②夸美纽斯：《大教学论》，傅任敢译，北京：教育科学出版社，1984年版，第十六章第88页。

生成便长出日后成为主干的嫩枝，我们也必须把一个人在人生的旅途中所当具备的全部知识的种子播种在他身上。”在母育学校里，通过体育、自然与思维的研究、活动与表现、语言以及道德训练五个方面，使每一个儿童在生气勃勃和愉快的生活中为进入国语学校学习打下基础。

从整个教育体系来看，学前教育具有基础性、根本性的地位和性质。陶行知指出：“小学教育是建国之根本，幼稚教育尤为根本之根本。”《幼儿园教育指导纲要（试行）》也强调指出：“幼儿园教育是基础教育的重要组成部分，是我国学校教育和终身教育的奠基阶段。城乡各类幼儿园都应从实际出发，因地制宜地实施素质教育，为幼儿一生的发展打好基础。”从个人的成长过程来看，婴幼儿时期是人成长的关键时期，对人一生的发展具有深远的影响。

从国际经验来看，很多发达国家也都采取积极的措施推动学前教育的义务化进程。如，美国已将学前班教育纳入义务教育体系，法国采取免费学前教育，荷兰的义务教育阶段包括幼儿教育。可见，无论从国内现实，从国际大环境，还是从个人的成长规律来看，推进学前教育义务化进程都是大势所趋，这既是解决当前我国学前教育发展中诸多现实问题的迫切要求，也是我国学前教育走向世界、顺应世界潮流的必然要求。①

七、论教学方法

当孩子还是一个儿童的时候，他是不能够受教的，因为他的悟性的根芽离地面还太远。一旦老了，那时再去教他又太迟了，因为那时智性和记忆已在衰退。在中年的时候，教导是困难的，因为智性的力量分散到形形色色的事物上面，不容易集中起来。所以，我们应该选定青年时期。②

夸美纽斯认为，教师应当像园丁种植那样遵循自然规律，不应当不加辨别、

①孙强：《学前教育义务化的可行性分析》，《教育导刊》2013 年第 4 期。

②夸美纽斯：《大教学论》，傅任敢译，北京：教育科学出版社，1999 年版，第十六章第 77 页。

不考虑儿童的成熟度和“能耐”，而将成人世界的东西生硬地教给儿童。有些东西即便最终还是要教给儿童的，我们也必须耐心等待，等待适当的时机。我们应当将“等待”这一概念作为儿童教育学的一个重要范畴来看待。对儿童的教育，我们必须学会等待。这同样是夸美纽斯之后的学者卢梭“否定教育论”的基本原则。

夸美纽斯还说：“自然遵循适当的时机。”“自然并不跃进，它只一步一步地前进。”“自然并不性急，它只慢慢前进。”“自然的作为不是杂乱无章的，它在前进的时候，是界限分明地一步一步进行的。”“自然不强迫任何事物去进行非它自己的成熟了的力量所驱使的事。”这些都强调教育应当循序渐进，不能跃进，不能跨越阶段。

夸美纽斯还注意到：“在自然的一切作为里面，发展都是内发的。”显然，夸美纽斯的教育学注重儿童的内在发展，反对一切形式的催逼、强制和灌输。他说：“树木得到天上的雨水和地下的水分作养料，它所吸收养料也不是经由外层的树皮，而是经由最内层的微孔。由于这个缘故，所以园丁并不灌溉树枝，而只灌溉树根。动物也不把他们的食物送给外部的肢体，而把食物送给胃，由胃去消化，并供养整个身体。”令人意味深长的是，中国传统的儿童教育常常将成人世界认为重要的事情教给儿童，如果某件事情重要，便需要“从娃娃抓起”，这恰恰是“灌溉树枝”而不是“灌溉树根”，是夸美纽斯所反对的。在一种过分强调“学以致用”的文化背景里，中国传统教育不是培育“根器”，恰恰相反，它认为“根器”没有用，甚至“根器”本身是幼稚的、孩子气的、有伤大雅的，它要让孩子的心灵直接开出意识之花，迅速结出意识之果。因而，小孩子说大人话，小孩子读大人书，小孩子像个小学究，小孩子 12 岁中状元、做宰相，名牌大学办“少年班”，还有时下正在复兴的儿童读经运动等，已经成为这一文化背景中司空见惯的现象。[①]

①刘晓东：《夸美纽斯论儿童生活与儿童教育》，《新华文摘》2004 年第 24 期。

而从夸美纽斯的论述中,我们不能不理性审视这一现象,是不是我们过多地干预了儿童的生活,我们教育儿童是否真正地符合他们的成长规律。这一点值得我们深思。

八、论教学原则

(一)便易性原则

> 教育宜开始得早,在心灵没有腐化以前就开始,教育开始得愈迟,它便愈难得到支持,因为那时心灵已被别的事情占住了。①

这句话说明,教育儿童应该把握住时机,要趁早,要赶在其心灵未被别的事情占住之前进行教育,尤其是青少年时期。青少年处于人格形成和发展的关键期,他们的心灵比较单纯,对外部世界充满好奇,求知欲旺盛,因而可塑性很大,此时帮助构建健全人格的基石就显得尤为重要。

健全的人格有利于个人健康成长、家庭幸福和社会稳定,否则会给人们的生活、学习、工作带来很大的危害。健全的人格是比知识还重要的。但丁说:“道德常常能够填补智慧的缺陷,而智慧却永远难以填补道德的缺陷。”这是整个社会的需要,我们的孩子最终是要走上社会、服务于社会的,他们首先得做好一个人,连人都做不好,还谈什么创业呢?一个人格健全的孩子有良好的心态,有良好的态度,学习起来也会思维活跃,聚精会神,学习的效率也会高。如果一个人心胸狭窄,就会事事烦心,斤斤计较,又怎么会心无旁骛地学习呢?

实践证明,成功者和失败者之间最大的差异往往不是智力上的差异,而是非智力方面的差异,其中人格因素起着重要作用。时代的发展要求青少年学生不

---

①夸美纽斯:《大教学论》,傅任敢译,北京:教育科学出版社,1999年版,第十七章第91页。

仅要有过硬的知识技能，而且要有健全的人格，成为全面发展的人，只有这样才能使人们适应急剧变化的社会，以积极的心态去学习、工作、服务社会。

> 假如一个孩子是由几个教师同时教导的，结果一定不好，因为他们很难采用同样的方法，如果不采用同样的方法，孩子的心灵便会一会儿被引到这个方向，一会儿又被引到另一个方向去了，它的发展就会这样受到阻碍。①

由于不同的教师各自采取不同的方法，很容易给学生带来选择上的困惑，给他们的发展带来阻碍。因此，大教育家夸美纽斯倡导学习上的教学应该采取同一种方法，因为“自然的作为全是划一的”。这当然是一种理想的状态，不过也给予了我们很多启发。在教学的过程中，的确存在着由于教师们的教学方式各异而产生了学生学习上的问题。针对这种情况，同科或同班教师加强研讨就很有必要。我们现在的学科研究室就很好地起到了这种作用。

> 当儿童或较大的孩子开始受教时，如果不先进行道德教育，那就是一种非常缺乏判断的表现；因为他们如果学会了支配自己的感情，他们就更适于接受别种教导。②

> 在做其他事情以前，先要运用教师的力量使德行变和谐。③

在各种教育中，夸美纽斯格外重视德育。他认为，德育应该先教，应该德字为先。他强调：“如果不先进行道德教育，那就是一种非常缺乏判断的表现。”

反观我们今天的教育，恰如夸美纽斯所说：“虔信与德行是教育的两个最重要的因素，可是最被忽视。在所有的学校里，这种科目只占一个从属的地位……学校培养不出合乎德行的品性，培养出的只是一种虚伪的道德外表，一种令人生

---

①②夸美纽斯：《大教学论》，傅任敢译，北京：教育科学出版社，1999年版，第十七章第91页。

③夸美纽斯：《大教学论》，傅任敢译，北京：教育科学出版社，1999年版，第十七章第92页。

厌的、外来的文化皮毛和一些专务世俗的虚荣的眼光与手脚……产生这种情形的原因显然是由于学校里从来没有想到过‘道德生活’之故。”因为教育管理的机械笨拙，因为教师队伍的急功近利，“人”的缺失已成为我们教育的最大问题，教育窄化为“教学”，“教学”窄化为“应试”，重智育轻德教几乎已成普遍现象，于是学生出现了种种人格障碍、成长异常。虽然在培养德智体美劳的社会主义事业的建设者和接班人的目标中“德”排在首位，然而在实际的过程中，“德”却很少受到重视。事实上，没有德行，智慧是很难学成的，因为“伦理学可以使心灵适于进一步接受知识种子”。

强迫孩子们去学习的人，就是大大地害了他们。因为他们能够期望什么结果呢？假如一个人没有食欲，却又被迫去吃食物，结果只能是疾病与呕吐，至少也是不消化、不痛快。反之，假如一个人饿了，他就急于要吃食物，立刻可以把食物加以消化，容易把它变成血肉。

应该用一切可能的方式把孩子们的求知与求学的欲望激发起来。[①]

兴趣是最好的老师。教育家夸美纽斯非常强调学生的求知欲望。他反对强迫学生学习，认为那样会伤害他们。他用吃饭有无食欲作比喻，指出欲望对吃饭的重要性。这不禁让我们想起了陶行知的故事。

1938 年，陶行知先生到武汉大学作演讲。他从皮包里抓出一只大公鸡，又从口袋里掏出一把米放在桌上。接着，用左手按住鸡头逼它吃米，鸡只叫不吃。又掰开鸡的嘴，把米硬塞进去，鸡挣扎着仍不吃。当陶先生松开手，把鸡放在桌上，鸡自己却开始吃米了。这时，陶行知先生开始演讲：“我认为，教育就跟公鸡一样，先生强迫学生去学习，把知识硬灌给他，他是不情愿学的，即使学也是会把知识还给先生的。但是如果让他自由地学习，充分地发挥他的主观能动性，那效果将一定会好得多！”

①夸美纽斯：《大教学论》，傅任敢译，北京：教育科学出版社，1999 年版，第十七章第 92 页。

这则故事强调了教师在教学中要放手,充分发挥学生主观能动性的作用。

过去"教师强迫学生去学习"的现象太过普遍,启发学生"主动地学习"比较少。事实上,教师强压学生学,把知识硬灌给学生、硬喂给学生,学生是学不成的。多年来,在应试教育制度的束缚下,许多学生全然依赖教师,一旦离开教师,没了参考书、练习册,便不知如何去学习。然而,学生最大的能力莫过于学会自己学习。夸美纽斯的教诲和陶行知先生的教导,对广大教师改进教学方法,引导学生自主、自动、自由地学习有着深刻的启迪。

我们要时刻注意实践,培养学生的学习能力,使学生在听中学,产生浓厚的学习兴趣,成为社会需要的多样人才。创造性人才的脱颖而出有赖于学生个性的充分发展,在课堂上豁然开朗、茅塞顿开,充分感受学习的欢快,发出由衷的欣喜。为此,教师应做到当学生茫然无头绪时给他们以启示,当学生没有信心时给他们力量……

> 教导的方法应该减轻学习的苦楚,使学生在功课上不受到任何阻碍或耽误他们的进步。①

夸美纽斯认为,教师教导的目标不是给学生带来痛苦,相反,是减轻学习的苦楚,促进他们的进步。因此,对于教师而言,一定要在教法上下功夫。

我认为,教师选择教法要面向全体学生。在课堂教学中,为了完成教学任务,教师往往把教学重心放在部分学优生身上。一节课参与课堂活动的只是少部分学生,大多数学生只能当听众,有些学生甚至还会做与课堂无关的事,这些都不利于学生的进步。另外,教法要讲求实效,只有这样才能真正减轻学生的负担。当今,课改正进行得轰轰烈烈,部分教师为了体现新课程的理念,使用了目前较为流行的任务型教学模式,但有时任务设计得不够周全,教学收效甚微。再如,有的教师片面追求小组活动这一学习方式,而对小组合作学习的目的、时机及过

---

①夸美纽斯:《大教学论》,傅任敢译,北京:教育科学出版社,1999年版,第十七章第92—93页。

程没有认真设计,导致讨论缺乏平等的交流与沟通,优秀生的意见和想法代替了小组及其他成员的意见和想法,学习能力较差的学生就变成了陪衬,更多的时候只能做听众。因此,教师在课改时,不应放弃对学困生有用且有效的接受性学习方法。

不管采取什么样的方法,教师都要牢记夸美纽斯的话:你的教导应该减轻学习的苦楚,使学生在功课上不受到任何阻碍或耽误他们的进步。

孩子们的求学欲望是由父母、由教师、由学校、由所教的学科、由教学的方法、由国家的权威激发起来的。

孩子们的求学欲望能由教师激发起来,假如他们是温和的,是循循善诱的,不用粗鲁的办法使学生疏远他们,而用仁慈的情操与言语吸引他们;假如他们称赞学生当时所学功课的美好、快意与安易,假如……

总而言之,假如他们和善地对待学生,他们就容易得到学生的好感,学生就宁愿进学校而不愿意待在家里了。①

在教育家夸美纽斯看来,激发学生的学习欲望是多方面的因素促成的。这不仅需要父母方面的努力,更需要教师、学校、教学学科、教学方法,甚至权威的力量来共同激发。一方面,对于家长而言,要努力激发孩子上学的欲望。对此,可以通过物质激励,也可以通过精神激励。当然,在学校里面,最需要的还是发挥教师的作用。在学生心中,教师的话往往比家长的话更管用。事实也证明了这一点。对于教师而言,他们要多鼓励学生。在上课时,应该设计一些相对较简单的问题让学生回答,在评价时更加小心谨慎,切不可敷衍了事,要发现学生的闪光点,打消他们的自卑心理,树立其自信心,激发努力学习的愿望。在评价回答问题时要尽量用简短激励性的语言,如“不要紧张,慢慢说”“你再想一想”“更完整地读一遍好吗”“你读得真好”“你真聪明”等,这样学生就可以大胆发表自己的见解,并始终保持积极向上的乐观情绪和努力探索的强烈愿望。

①夸美纽斯:《大教学论》,傅任敢译,北京:教育科学出版社,1999年版,第十七章第93页。

激发学生学习欲望，就要不断改进教学方法。教法不同，激发学生学习欲望的强烈程度也会不同。如教师丰富、生动的评价语言能让学生处于一种积极亢奋的状态。因此，教师特别要善于等待时机，在他们表现好的时候给予最大限度的表扬。

总之，学校要采取一切措施激发学生求知的欲望，教师也要想尽一切办法去激发学生的求知欲望。学校、家庭、社会更应该汇成一股合力，在全社会形成一股崇尚学习的氛围，让学生沐浴在这种学习氛围中，不断激发学习的欲望。

> 学校本身应当是一个快意的场所，校内校外看去都应当富有吸引力。在校内，房屋应当光亮清洁，墙上应当饰以图像。这种图像应当是受人崇拜的人物的照片、地图、历史图表，或别种装饰。在校外，应当有一个空旷的地点可以散步和游戏（因为这对儿童是绝对必要的，我们以后就可以知道），并且还应当附属一个花园，让学生们时时进去，在那里欣赏树木、花草、植物。假如这样，孩子们进学校就很可能像赴市集一样快乐，永远盼望在那里看到、听到一些新鲜的事物。[①]

从这句话中可以看出，夸美纽斯强调校园环境的重要性。校园环境是学生成长发展的重要环境，它的美化、优化有着其他环境无法替代的育人功能。仅就校园的自然环境而言，其功能也是不可忽视的。校园里绿树成荫，鲜花满园，让学生在这里探求知识、锻炼身体，度过人生的黄金时期，能陶冶他们的性情，给他们留下终生难忘的美好记忆。目前，一般学校的校园都应当根据美学原则进行加工改造，使其规整和谐，给人以快感。校园的空间，应当尽可能成为绿色空间。绿色植物有净化空气、消除污染、改善小气候、保温吸音的功能，而且绿色还能抚慰学生的视觉，消除学生视觉乃至身心的疲劳。绿化校园还应注意美的创造的丰富性，栽花种树要做到品种繁多，花季不一，色形丰富，使学生感觉美不胜收。整个校园要能时时处处保持清洁卫生，这样更有利于学生心灵世界的净化。美

---

①夸美纽斯：《大教学论》，傅任敢译，北京：教育科学出版社，1999年版，第十七章第93—94页。

的环境能规范着人的行为。比如，学校的建筑、布局表现出规整的美，对学生队列的整齐、纪律的严明都有一定的影响。一些学校在楼道走廊里挂上学生的书画，或巧妙安装玻璃镜、装饰品等，并整齐地摆放些花卉盆景，营造一种书斋氛围、儒雅风尚，课余时间学生定会跑到操场、草地去玩，绝不会在楼道走廊、会议室、办公室等需要安静的场所打闹、嬉戏、追逐。再如，绿树红花、长藤软蔓、荷塘假山、喷泉屏风、雕塑石凳、方亭回廊，学生随处都会感觉赏心悦目，其良知受到引导，便自然生发出一种细腻、珍爱的情感。天长日久，性情受到陶冶，鲁莽、暴决、粗野的行为定会得到有效遏制。创造美的环境形成"约束机制"，这仅仅是实施"教育"的初步，最重要的还是发挥其"启迪"效能。

总之，学校本身应当是一个快意的场所，校内校外看去都应当富有吸引力。挖掘校园环境包括自然环境的育人功能是门艺术，决不可等闲视之。①

要使方法能够激起求知的愿望，它第一就必须来得自然。因为凡是自然的事情就都无须强迫。

如果想使学生发生兴趣，我们就应用心使方法合口味，务使一切事物，无论如何正经，都可以亲切地、诱人地放到他们眼前；比如用对话的形式，即诱导学生争相答复，并解释深奥的问题、比较和寓言之类。②

那么，什么样的方法才能激发学生的兴趣呢？夸美纽斯给我们提供的答案是：自然的、合乎口味的方法。也就是说，我们应用的方法，绝不能是矫揉造作的，而应该恰到好处，切合儿童的需要。合理教学方法的运用是实现自然适应性原则的关键。夸美纽斯主张教师在教学中应采取符合自然的方法。自然的方法是循序渐进的方法；自然的方法是亲切诱人的方法。

---

①李玉芳、沈昌俊、徐克惠：《谈谈校园自然环境的育人功能》，黑龙江教育1999年第Z2期，第31页。

②夸美纽斯：《大教学论》，傅任敢译，北京：教育科学出版社，1999年版，第十七章第94页。

这种方法正是符合自然的秩序。反之,如果违反这种原则,那么教学就没有任何效果。

反观目前学校里的一些教学方法,最大的问题还是不够自然、亲切,难以符合孩子们的口味,更不用说激发他们的兴趣了。很多时候,我们的教学方法太过于“成人化”,而难以符合孩子们的成长规律。我们用成人的眼光定格了孩子们的世界,怎么能激发孩子们的兴趣?夸美纽斯的话的确值得我们思考。

> 每一种艺术都应当包含在最简短和最实用的规则里面。每一条规则都应当用最简短和最清晰的字句表达出来。每一条规则都应当伴同许多例证,以便遇到新的事例时,规则的用法一看就明白。①

其实,艺术并不复杂。有时,并不是艺术很深奥,而是蹩脚的教师将其弄复杂了。夸美纽斯告诉我们,艺术都可以用最简短和最实用的规则来表达,并且每条规则都应伴随着明确的例子,这样,规则一看就明了。

在夸美纽斯提出的一些关于教育改革的建议中,其中有一些是专门针对教师的教学话语。教学话语应是学生能听懂的语言;教师不仅应说明事物的性质,更应该说明事物的原因,这样才能使学生彻底了解事物。

蒙田在其《论儿童的教育》一书中尤其强调“文字是为事物服务的,不是事物为文字服务”。他提出,最好的语言不是一味追求韵律、格式的矫揉造作的语言,而是自然、平易、简洁、紧凑、有表现力、有实质的语言。因此,他对教师的教学话语也提出了与之相适应的要求,要求教师在课堂中所使用的教学话语应该是自然、平易、简洁、紧凑、有表现力、有实质的语言,而不应该使用矫揉造作的语言,以避免对学生造成不良的影响。②

---

①夸美纽斯:《大教学论》,傅任敢译,教育科学出版社,1999年版,第十七章第95页。

②华东师范大学教育系、浙江大学教育系编:《西方古代教育论著选》,人民教育出版社,2001年版,第404—405页。

教师课堂教学评语作为教师语言修养的重要组成部分，自然也备受人们关注，而能够有效地使用课堂教学评语也被公认为优秀教师的基本素质之一。

> 假如教材能这样排列，使学生先知道最靠近他们的心眼的事物，然后去知道不大靠近的，随后去知道相隔较远的，最后才去知道隔得最远的。所以，孩子们头一次学习什么东西（如同逻辑或修辞学），所用的解释不应该从学生不能领会的学科，如神学、政治学或诗学之类去采取，而应从日常生活中去取用。否则，孩子们是既不会懂得规则，也不会懂得规则的运用。①

夸美纽斯告诫我们：当教师们解释一些事情的时候，不应该采取抽象的形式，而应该从日常生活中的实例入手。因为这样的实例才是最鲜活、最容易被学生接受的。如果教师用理论去解释理论，其结果只能是让学生云里雾里，找不到事物的根源。相反，一切抽象的理论，一旦回归到日常生活，即刻变得生动、形象、具体，便于理解。因此，对于教授每门艺术，要尽量从儿童身边的具体实例入手，不可故弄玄虚，引证一些高深的学问。

> 有些人教学生的时候，不是尽学生所能领会的去教，而是尽他们自己所愿教的去教，他们的做法也一样蠢；因为才力是要加以支持的，不可负累过度，教师和医生一样，是自然的奴仆，不是自然的主人。②

夸美纽斯认为，“自然”就是“我们最初的、原始的状态”，是人生来就有、未经触动的本性。“教育要适应自然”，就是说教育要遵循学生的身心发展特点，顺应儿童的自然倾向。他认为人是自然的一部分，对于教师而言，他是自然的奴仆，不是自然的主人。因此，教师所要做的只是依据儿童的本性，启发他们的积极性和主动性，激发其学习愿望。

我们过去那种让学生“死记硬背”式的灌输教育方法，其实很难让他们接受。

---

①夸美纽斯：《大教学论》，傅任敢译，北京：教育科学出版社，1999年版，第十七章第97页。

②夸美纽斯：《大教学论》，傅任敢译，北京：教育科学出版社，1999年版，第十七章第99页。

另外，还有教师在反复演练之后将知识做成绕口令，但这也只是一时的效果，实际上会让孩子“知其然，而不知其所以然”。

如果教师懂得儿童身心发展的规律和学习方面的知识，可能就不会违背孩子的意志而将知识强加于他们了。

既然人是自然的一部分，教育就必须依照青少年儿童的特点进行，无论什么事情，除非不仅是青年人的年龄与心理的力量所许可，而且真是它们所要求的，都不应该教他们。①

教学必须顺应青少年儿童的“自然”，不可负累过度。教师和医生一样，是严格遵循自然规律和社会规律的忠实的服务者和管理者，是百花园中辛勤浇灌和修剪的园丁，是人类灵魂的雕塑师，而不是自然的主人。

夸美纽斯反复强调教育要适合儿童的年龄特征，使每个人的智力都能得到充分的发展。夸美纽斯的教育要适应自然的原则无疑是从儿童身心发展特点出发的教育理论。这些儿童教育观无论是在当时或者现在乃至未来都具有普遍的教育指导意义。在幼儿教育系统中，幼儿教育同样要坚持“教育适应自然”的圭臬，而不能忽视受教育者在不同时期的身心发展规律。

现在小学教育提前化，兴趣班泛滥化，智育知识化等现象屡见不鲜，鉴于此，社会各界应致力于改变这种有违幼儿身心发展特点的教育现象。在教育哲学领域，自然主义教育理论强调：教育要遵循自然，适应儿童（包括幼儿）的天性和身心的发展，追求个体的个性解放和自由。毫无疑问，这种儿童教育观及其理论对于当今幼儿教育具有重要的启发和指导意义。

凡是没有被悟性彻底领会的事情，都不可用熟记的方法去学习，并且，

①夸美纽斯：《大教学论》，傅任敢译，北京：教育科学出版社，1999年版，第十七章第100页。

若不是绝对有把握知道孩子具备了记忆某些事情的力量，不可要求他去记忆。①

由此可见，夸美纽斯反对让孩子死记硬背。他认为死记硬背对孩子带来的危害是巨大的，是一种负担。夸美纽斯一再强调："对青年的正确教育不在于把他们的脑袋塞满从各个作家生拉硬扯地找来的字句和观念，而在使他们的悟性看到外面的世界，以便从他们的心灵本身涌出一道活流。"

事实也的确如此。例如写作文，有人认为孩子背诵些经典著作有利于将来的写作，这点毋庸置疑。但囫囵吞枣的背诵是难以转化为高超的写作能力的。就像很多高中学生背诵大量文字优美的篇章、段落应付高考一样，提高的仅仅是分数而非写作能力。而且，即使写出了文章，倾倒出来的也都是别人的语言、别人的思想，又有多大的意义呢？就算是辞藻华丽、语言优美，又能有什么深刻的思想打动别人呢？真正的写作，是用自己的话表达自己的思想。

死记硬背，带来的只能是灾难。第斯多惠说过：这些学生喜欢而且容易记住自己根本不能理解的东西……学生有了这种不良的习惯便会失去渴求和热爱真知的精神，久而久之学习也变成了沉重的负担。决不应当这样，学习应当是一种精神的解放……现在有些教师把学生都给教傻了，使学生变得呆头呆脑，目光短浅，有许多学校现在简直变成了愚昧促进机构，把学生弄得个个精神萎靡不振，暮气沉沉。这就是教师把难题和费解的知识强灌输给学生的恶果。

可见，只一味灌输而不讲解，只能让孩子变得萎靡不振，对学习产生厌烦情绪。

不应该因为学生不愿学习便去鞭挞他们（因为，假如学生不愿学习，那

①夸美纽斯：《大教学论》，傅任敢译，北京：教育科学出版社，1999年版，第十七章第100页。

不是别人的过错，而是教师的错处，他或者不知道怎样使学生能接受知识，或者根本便没有这样去做）。①

大教育家夸美纽斯提醒我们，学生不好学，根本原因不在于学生，而应归咎于教师。这句话值得我们深思。面对传统的教学效果，我们不能把所有的结果都归结于学生基础差，更不应该因为学生学不好就去体罚他们。

调查研究表明，并非所有的学生都不愿意学习，而是有一部分学生想学，基础也不错；有一部分学生想学习，可是基础太差；少部分学生才是根本不想学。其实，影响学生学习差和教学效果不好的因素很多，只不过我们应时刻记得学生是教育的中心，是学习的主体，教师只在教学中起主导作用，同时教师要力所能及地帮助学生，使他们能得到全面的进步和发展。

对此，我们的教师要反思教学过程，对症下药。大多数学生之所以成绩落后，是由于从小没有养成良好的学习习惯，没有形成自己行之有效的学习方法，学习态度不端正，在学习过程中不善于与他人合作，也不善于与教师沟通，上课时不能静下心去认真听讲等，这些非智力因素严重影响了他们的学习成绩，最后不理想的学习成绩又给他们带来了教师的负面评价。因此，教师应该主动关注学生并经常与他们沟通，改善与他们的关系，这样就能增加教育的有效性，进而发现他们的优点，及时表扬他们，重新看待学业的成败，帮助他们建立对自我能力的信心，同时在重新激发起学生学习兴趣的基础上，教给学生学习的方法。

也就是说，学生学习差，不在于学生生性愚拙，而在于老师没有找到合适的方法，或者是没有去应用合适的方法。学生是千差万别的，方法也不是唯一的，需要教师张开眼睛，努力探究，找到适合每一位学生的方法。

教导应该尽可能通过感官去进行，使它能费较少的劳力被记住。②

---

①②夸美纽斯：《大教学论》，傅任敢译，北京：教育科学出版社，1999年版，第十七章第101页。

教育家夸美纽斯在知识讲解方法上主张从直观开始。“在可能的范围内，一切事物都应该尽量地放到感官跟前。一切看得见的东西都应该放到视官的跟前，一切听得见的东西都应该放到听官的跟前，气味应当放到嗅官的跟前，尝得出和触得着的东西应当分别放到味官和触官的跟前。假如有一件东西能够同时在几个感官上面留下印象，它便应当和几种感官去接触……”

夸美纽斯坚定地认为，直观、形象是所有的教师进行教学工作时都要遵奉的一条“金科玉律”。他认为“一切知识都是从感官的感知开始的”，要求教导应该尽可能通过感官去进行，使它能费较少的劳力被记住。因为在他看来，从感觉得来的知识我们立刻就相信，而经验的推理和别人的指证则总要诉之于感觉。所以说，“看就是信”，但是“假如事物的本身不能得到，便可以利用它们的模型图像”。夸美纽斯还认为，“教学艺术的光亮是注意，有了注意，学生才能使他们的心理不跑野马，才能了解放在眼前的一切事物”。所以，教师还应该格外当心，除非全体学生都在静听，他决不可说话；除非他们全在注意，否则不可进行教学……这就是说，我们不应该对风说话，应该对人的耳朵说话。同时，“注意不是单靠为首的学生或其他负责的孩子来提醒和保持的。教师本身是一个最重要的因素”，即教师应起主导作用。

> 所教的学科不仅应该用口教，这只能顾到耳朵，同时也应该用图画去阐明，利用眼睛的帮助去发展想象。此外，学生应该学会用他们的嘴去说话，同时用手去表示他们所说的话，所以，在学过的东西没有彻底印在眼睛、耳朵、悟性和记忆里面以前，任何新课都不能进行。①

从这句话我们可以感知，教育家夸美纽斯并不赞成单纯对着耳朵的口头教学，他认为那样仅仅顾及的是学生的耳朵。要知道，学生是一个完整的、有着各种丰富感官的个体。除了听觉外，还应该将知识印入学生的视觉甚至悟性和记忆里，也就是充分调动学生各方面的感官和记忆。只有这样，才能保证知识掌握得更牢固。

①夸美纽斯:《大教学论》，傅任敢译，北京:教育科学出版社，1999年版，第十七章第101页。

现在兴起的多媒体教学就是考虑到了这点，通过图画、视频、声音等多种音像元素给学生创造一个富有感染力的情境，将抽象的文字形象化、具体化，直观、有效地呈现各种情境设置、文化语境、情感背景，从而帮助学生尽快地融入环境，有利于更好地理解知识，加快对所学内容的渗透和掌握。然而，我们应该注意的是，多媒体教学只是手段和方式，并不能取代师生之间的感情共鸣和知识交流。因为教书育人是一项触及灵魂的工程，知识的琼浆只有在良好的课堂心理环境下，通过教法和情感等载体，才能输入学生的心田。也即，教学过程是教师与学生共同活动的过程。教师在传授知识、发展学生智力的同时，也在进行着感情交流、情感共鸣的体验。师生之间的相互尊重、爱护和信任以及教学中的密切合作，是促进学生内在学习的动因。因此，教师在努力借助各种媒介调动学生积极性的同时，也不能对其过分依赖，毕竟教学是一项心与心交流的活动。

假如教师教授任何事情的时候，同时把它在日常生活中的用途告诉学生，学生的工作就会来得轻松些……

只有那些易于指明用途的事情才应教给学生。[①]

事实的确如此！教师教学的时候，同时把它在日常生活中的用途告诉学生，学生的学习就会更轻松些。只有那些易于指明用途的事情才应教给学生。对于每门学科，教师都要考虑它的实用性问题，务使学生不学无用的东西。这句话强调了教育的实践性。现在社会和教育界越来越重视对学生社会实践能力的培养，学校开展很多社会实践活动和文体活动，学生在活动中能巩固学过的知识，培养分析问题、解决问题的能力。

夸美纽斯说："只有那些易于指明用途的事情才应教给学生。"学生的学习应该合乎其身心发展的天性，适合其年龄和性格特征，照顾他们的兴趣爱好和能力差异。

然而，我们教学的许多内容并不符合这一特点，而是过于理论化、抽象化，这也是值得我们深思的。

---

①夸美纽斯：《大教学论》，傅任敢译，北京：教育科学出版社，1999年版，第十七章第102页。

(二)彻底性原则

所以,在学校里面,一切事情除非在这个世界和未来的世界里面无疑地都有用——它在未来世界的用处更重要[哲罗姆(Jerome)提醒过我们说,对于我们在天上有用的知识必须在地上去获得],否则不必学习。

所以,学校必须这样组织,使学生除了有价值的事情以外,不学别的(至于消遣的价值与重要性,到了适当的地方再说)。①

学校到底应该向学生传授什么知识、什么知识是最有用的、是以理论知识为主还是以实际知识为主,等,这些问题古今中外一直争论不休。夸美纽斯说得好,学校应该教学生有价值的东西,对于没有价值的东西不应该教给学生。

然而,学校作为传授知识的场所,知识的"加工厂",其所教的内容一直都在变化着。翻开学校课程发展的历史,我们可以看到,人们对这一问题的认识随着时代的演变而发生变化。我国封建社会的教育重义礼,轻功利;重视哲理和道德伦理教育,鄙视实用技术的学习。时至今日,我们不难发现,无论是在学校还是在社会,人们对知识的认识仍然有一定的局限性,表现为基础理论知识并没有得到足够的重视,实用主义又有所抬头。

课程改革归根到底就是要解决教什么和学什么的问题。这个问题与社会、时代的发展息息相关。在不同的时代、不同的社会,课程内容也大不相同。另一方面,课程内容又具有稳定性和滞后性。因此,在改革课程时,既要保持课程内容的基本稳定,以每门学科的基本知识为核心,同时又要不断补充新知识,跟上时代的发展,用先进的科学知识充实中小学教育内容。

学校育人就必须用尽方法去教他们,使他们不仅胜任此生的职务,而且适于永生。说真的,人类的全部努力是应着眼在未来的人生。②

---

①夸美纽斯:《大教学论》,傅任敢译,北京:教育科学出版社,1999年版,第十七章第105—106页。
②夸美纽斯:《大教学论》,傅任敢译,北京:教育科学出版社,1999年版,第十八章第106页。

夸美纽斯对学校教育的职责提出了要求,作为学校应该用尽方法去教育学生。这是学校义不容辞的责任,也是学校的职责所在。

其实,不断提高教育质量是学校教育工作的永恒主题。质量是生存之本,质量是教育的生命线,教育质量的好坏直接关系到学生的前途和命运,涉及广大群众的根本利益,决定着教育事业的兴衰成败。因此,必须把提高质量作为教育改革发展的永恒主题。教育质量是学校竞争力的核心表现,质量高,则学校兴;质量差,生源就难以保障,学校的生存和发展就会出现危机。办人民满意的教育,质量不好,人民肯定不会满意。树立教育形象,首先是在质量上树形象,没有质量的教育肯定不是好的教育,没有质量的学校肯定不是一所好学校。教育教学质量是学校生存和发展的前提,也是学校工作的中心。

全面提高教育质量,通过教育培养人、发展人、提高人的素质,适应并推动社会的发展,并且发展教育自身,发展人自身,应成为当务之急。提高教育质量就必须重视教育思想、教育观念、教育内容、教育方法等方面的变革与创新。因此,对于学校而言,应该在教学方法上有所创新、有所突破。只有不断创新教学方法,才能提升教育质量,才能培养出适应社会主义现代化建设所需要的人才。

> 每门功课都应该这样开始,使它能引起学生的真正爱好,做法是向他们证明,它是如何的美好、有用、快意,是如何需要。①

夸美纽斯的这句话给我们的任课教师提出了要求,他要求教师在开始功课前,要真正地引起学生的爱好,明确方向,营造良好的心理氛围。

从本质上讲,教学过程是师与生、生与生交流互动的过程,也是师与生、生与生情感交流的过程。因此, 在教学过程中教师应该积极地建立新型的师生关系,营造自由宽松的学习氛围,课堂上不要有过多的清规戒律,要充分发挥学生

①夸美纽斯:《大教学论》,傅任敢译,北京:教育科学出版社,1999 年版,第十八章第 107 页。

的主体性，让学生自由地读书、尽情地说话，让学生大胆地解放大脑、大胆地放飞想象，允许学生标新立异，使学生的思维动起来，语言活起来，自主获取知识，变“要我学”为“我要学”，从而增强学生的自主意识。

教师是素质教育的直接实施者。因此，在确立学生的主体地位、尊重学生的主动精神的素质教育中，如何发挥学科优势，充分发挥主体的积极作用，吸引学生主动参与，积极思考，亲自实践，变被动“接受”为主动“探索”，是每一位教师迫切需要解决的问题。情绪心理学家利泊认为：“宽松和生动活泼的气氛，可以使情绪具有动机和知觉作用的积极力量，它组织、维持并指导行动。”创设情境就是为了激发学生的学习兴趣。在教学中营造良好的学习氛围，使学生在宽松、和谐的环境下学习，学生才能充分发挥自己的主观能动性，学会自己应该学会的一切。[①]

激发兴趣是自主学习的前提。学生有了学习兴趣，学习活动对他来说就不是一种负担，而是一种享受、一种愉快的体验，学生会越学越想学、越学越爱学，享受更多的学习乐趣。由于儿童生活区域的局限性，许多教材与学生的生活仍然相距甚远，所以在教学过程中，可根据课文内容和教学要求，运用各种教学手段，创设适合于学生学习的生动情境，使学生入境会意，引导学生的注意与兴趣，触景生情，诱发学生的积极情感，使学生享受到学习的快乐，从而对学习产生浓厚的兴趣，进入主动学习的状态。

如对于小学生而言，天真、爱幻想是他们的天性。因此，在数学教学中应经常采用的办法就是描述一个美丽的童话故事或贴近儿童生活的事件，要解决的问题就包含在这个故事或事件之中，实际上就是为学生设置了解决身边数学问题的情境，加强了数学与生活的密切联系。

求学的欲望应当彻底在学生身上激发起来，学科的一般观念应当彻底

①王欣：《如何为学生营造良好的学习氛围》，《学周刊》2011年第11期。

印入学生的脑际。在这一步没有小心地做到以前，关于艺术或语文的更详细的解释就不应当尝试。[①]

这句话让我们看到教育家夸美纽斯对激发学生求学欲望的重视。学校应该想尽一切办法激发学生的求知欲。正如苏霍姆林斯基在《教育的艺术》一书中指出："求知欲、好奇心——这是人的永恒的、不可改变的特征。哪里没有求知欲，哪里就没有学校。"其实，学生都有强烈的求知欲与好奇心，尤其是小学生，因而在课堂中的首要任务就是要调动学生的情绪，让学生想学、愿学、乐学。只有教学触及学生情感的琴弦，激发学生学习的欲望，引发学生的学习兴趣，才能让课堂"活"起来，真正成为学生自主学习的乐园。

夸美纽斯更是强调"求学的欲望应当彻底印入学生的脑际"。事实也的确如此，只有彻底激发学生的求学欲，才能激发学生长久的学习动力。

《学记》中言："君子之教，喻也。道而弗牵，强而弗抑，开而弗达。"孔子也说："不愤不启，不悱不发，举一隅不以三隅反，则不复也。"求知欲对正在成长发育的学生来说表现得尤为突出，这是一种十分可贵的、主动求知的表现。求知欲是学生学习主动性和积极性的内在动力。求知欲是人进行创造活动的起点，对事物强烈的求知欲和好奇心以及探索精神是开启学生智慧之门的一把钥匙。总之，求知欲和探索精神是创造成功的开端和必要条件，当然也是学生学习的前提条件，它是开发与培养学生智能的内在动力。

激发学生的求知欲，要从每次课的教学目的和要求入手。教师在课堂开端最好先把本课的教学目的、要求以及重点、难点先向学生作简单的介绍，使学生在听课时处于积极、主动的状态，这是十分有利于激发学生求知欲的。

激发学生求知欲，要善于利用教学载体。运用多媒体教学，或通过教师生动、形象的语言变化以及适当的表情、手势等激发学生的求知欲。

---

①夸美纽斯：《大教学论》，傅任敢译，北京：教育科学出版社，1999年版，第十八章第108页。

激发学生的求知欲，要注重学习策略的选择。“授人以鱼，不如授人以渔。”教师在传授知识的过程中，应该教学生如何学习，以及掌握获取知识的方式、方法。当学生掌握了一定的学习策略之后，就能在他们面前展现出一幅通过其自学而获得丰富知识的宏图，从而进一步激发他们学习的主动性、积极性。

在教学中，为打破课堂上的沉闷局面，激发学生学习的浓厚兴趣和探求新知识的欲望，教师应善于借用双关、借代、讽喻等手法，形成一种幽默的语言，使学生在愉快的笑声中不知不觉地受到启迪和教诲。大凡有卓识的教育家或优秀教师，都主张教学要有点幽默感，使课堂气氛活跃起来，使学生的大脑处于兴奋状态。辽宁省特级教师魏书生就明确地向自己提出“每堂都要让学生有笑声”的要求。他在课堂上一向“力求使用幽默、风趣的教学语言。不仅使优秀的学生因成功而发出笑声，还尽可能使后进生在愉快和谐的气氛中受到触动”[①]。

一旦学生具有强烈的求知欲，教师的教学工作也就感觉轻松了。

从这种教训就可以知道，对青年的正确教育不在于把他们的脑袋塞满，从各个作家生拉硬套地找来的字句和观念，而在使他们的悟性看到外面的世界，以便从他们的心灵本身涌出一道活流，如同树叶、花儿和果实从树上的蓓蕾生出来，到了第二年又生出一个新的蓓蕾，又从新的蓓蕾生出新的嫩枝和枝上的树叶、花儿和果实一样。[②]

从这句话，我们可以看到，教育家夸美纽斯反对那种只让学生死记硬背，不注重事实的观察和理解，只教学生模仿，不培养学生独立思考和探求能力的教学。通过这种教学，学生对所学的东西掌握不牢，容易忘却。他指出：“这些东西大部分只通过了他们的脑子，却没有牢固地固定在那里。”要使学生学得多、学得快、学得好，并能学以致用，最为行之有效的方法是建立在独立思考基础之上的理解方法，也就是强调悟性。

---

①李培忠：《论教学过程中学生求知欲的激发》，《辽宁教育研究》2005年第4期。

②夸美纽斯：《大教学论》，傅任敢译，北京：教育科学出版社，1999年版，第十八章第109页。

在我们的学校里，不乏照本宣科、重复机械的老师，他们不追求教学方法的改进，不讲求教学理念的更新，只是一味地灌输，并布置大量重复的作业，加大了学生的课业负担。这种情况应该引起学校的重视，加强对教师教学理念、教学方法的培训，不断提高他们的教学技能。

因为这类方法并不教我们去发现源泉，去从源泉引出流水，而是把从不同作家取来的水摆在我们的眼前，教我们从此回到源头上去。因为字典并不教人怎样去说话，而只教人怎样去了解；文法并不教人怎样去造句，而只教人怎样去分析句子；没有一本国语字典能够帮助人们在会话里面把成语熟练地连接起来，或变换着使用，而只任意供应一群语句而已。①

字典并不教人怎样去说话，而只教人怎样去了解；文法并不教人怎样去造句，而只教人怎样去分析句子。回顾我们过去的外语教学，那种从语法入手的教学是何等滞后。脱离学生的生活实际，抽象出语法规则，让学生背诵语法，这样怎么能教好外语呢？

现在，我们的外语教学已经有了很大的改进，生活化的理念逐步深入课堂。如《义务教育英语课程标准》中明确规定：要重视从学生的日常生活出发，培养学生实际运用语言的能力。结合学生的生活经验和已有的语言知识来设计富有趣味性、科学性的英语活动，使学生切实感受到身边的英语，能用英语解决生活中的实际问题，从而对英语产生亲切感，增强学生运用英语的意识，培养学生的自主创新能力。

这就要求教师在课堂教学中努力使教学内容、教学活动、课堂环境和课外作业与生活紧密联系，做到英语教学生活化，使学生在实际生活中汲取知识的养分，发展其语言综合运用能力，培养其创新精神。这样才能真正做到学以致用，走向生活。

人类必须尽可能研究天、地、橡树和山毛榉之类的东西，去学会变聪明，

①夸美纽斯：《大教学论》，傅任敢译，北京：教育科学出版社，1999年版，第十八章第110页。

而不依靠书本学习；就是说，他们必须学会了解并考察事物本身，不是依据别人对事物所已作的观察。假如我们人人都从本源，从事物本身，不从其他来源去获得知识，我们就可以步随古代智者的后尘了。

一切知识都应该从有关事物不变的原则去推演。

任何知识都不应该根据书本去教，而应该实际指证给感官与心智，得到实际指证。

对任何学科，都不可单用分析法；事实上应该偏重综合法。①

夸美纽斯的这些话或许有些偏颇，但其用意是很明确的。他反对过于依赖书本，强调要重视感官的感知和心智的培养。这对我们的课堂教学具有很深的启发意义，尤其是语文教学。

过去的语文教学，强调学生在课堂上做笔记，课后抄笔记，一切为了考试，为了考试的一切。教科书竟成了韩寒所说那样，“过了九月份就要去当废纸卖掉的书”。可见，我们过去的语文教学是多么低效。体验与感受的贫乏，导致所学知识犹如过眼烟云。最后，“学生忘却了他们所学的东西，因为这些东西大部分只通过了他们的头脑，却没有牢固地固定在那里”②。

而事实上，我们的语文教学应该是人文的、人性的，是诉诸体验和感受的，而我们教学的现状却“更多的只是注意了让学生认识到，而比较忽视让学生感受到，体验到”③。

因此，我们应该改变这种学生被动接受教育的现状，努力激发他们独立思考，启发他们在不断提出问题、分析问题、解决问题的过程中感悟知识，获取知

①夸美纽斯：《大教学论》，傅任敢译，北京：教育科学出版社，1999年版，第十八章第111页。
②夸美纽斯：《大教学论》，傅任敢译，北京：教育科学出版社，1999年版，第十八章第104页。
③张楚廷：《教学论纲》，北京：高等教育出版社，1999年版，第68页。

识的体验和感悟。这样,使学生的思维始终处于积极的、活跃的状态,不断爆发新思想的火花,在思考中有所领悟。只有这样的教学才能说明教育者在不断地引导学生朝着教学目标的轨道前进,也只有这样的教学才能获得真正的教学效果。

> 在青年人的教育方面,我们应该当心,务使所教的一切事物全都划分明白,各自保持它的部位,不仅教师因此可以确知他已得到多少进展,实际在做什么,而且学生也同样可以确知。假如学校里面所用的一切书本在这方面全都学习自然的榜样,那也是很有帮助的。①

从这句话我们可以看出,夸美纽斯强调师生要形成默契,保持良好的互动。一方面,教师要对所教的东西划分清楚,及时掌握教学的进度,准确把握学生的接受程度。另一方面,学生也要对此教学过程有一个明确的了解。这样,教学过程就成为一个自然的过程。

也就是说,我们的教学完全可以由师生共同参与、共同设计。对于教学目的、教学方式方法,学生完全可以参与进来。我们过去的教学过于强调教师的主体作用,而导致学生被动地接受。现在,我们强调教师的主导作用和学生的主体作用,就是要一改过去的"满堂灌、填鸭式"的教学方式,一改"你听我记,你说我抄"的"课堂法则",把课堂还给学生,把知识的教学变为知识的探索,而老师只是与学生一起进行知识寻宝的领路人和指导者。我们现在提倡新课堂就是要改变这种现状,而改变这种现状就需要师生心中都要有这样的理念,对"实际在做什么"方面达成共识。

换言之,新课堂要立足于改变学生主体意识萎缩的现状,改变老师"统、包、管",学生"等、靠、要"的局面。要把学生的学习方式由被动接受式转化为主动探索、乐于动手、勤于实践、敢于怀疑、敢于批判的探究式学习方式。这就需要师生之间产生共鸣,共同去探究。

---

①夸美纽斯:《大教学论》,傅任敢译,北京:教育科学出版社,1999年版,第十八章第112页。

一切功课应该这样安排，使后学的能够依靠先学的，使先学的能靠后学的固定在心灵里……

因为，在我们这种自然的方法里面，一切先学的都应该成为一切后学的基础，这种基础是绝对必须彻底地打好的。因为只有彻底地懂得，并且记住了的东西才能够叫做心灵的财产。①

夸美纽斯的这句话，让我想起了孔老夫子的"学而时习之"。学习要不断地温习，巩固旧知识，以便开启新知识。也就是务必让先学的知识成为后学知识的基础和根基。

人们经常用"打地基"来形容知识的累积，如果地基不牢固，那么知识的大厦就很容易摇摆。《老子》有言："合抱之木，生于毫末；九层之台，起于累土；千里之行，始于足下。"没有一个好的基础是很难成大事的。因此，不管是如何强调基础，都是不过分的。否则，基础不牢，地动山摇。打牢基础，就需要反复练习，不断巩固知识，这就需要"温故"。在温故的基础上，新知识就会如源泉一样不断涌现出来。

终生的学业应该组成一个百科全书式的整体，其中一切部分都来自同一来源，并且有它自己的地位。②

学生的终身学习应该是完整的、系统的、成体系的，而不是相互割裂、彼此不相关的。夸美纽斯通过一个浅显易懂的例子告诉我们这样一个道理，即学生的学业应该是完整的。因为当一只鸟儿形成的时候，肢体与肢体连接，骨头与骨头连接，筋肉与筋肉连接。一株树木的情形也一样，树干是和树根连接的，树枝是与树干连接的，嫩枝是与枝柯连接的。所以，这些东西虽都有成千上万，但整个都是构成一株树木的。一所房屋也一样，假如要能耐久，墙壁就必须建在基础上

①夸美纽斯：《大教学论》，傅任敢译，教育科学出版社1999年版，第十八章第112—113页。
②夸美纽斯：《大教学论》，傅任敢译，教育科学出版社1999年版，第十八章第114页。

面，天花板和屋顶就必须建立在墙壁上面。总而言之，一切部分，从最大的以至最小的，都必须连接和装配起来，它们才能形成一所房屋。

培养德智体美劳全面发展的社会主义建设事业的接班人和建设者，一直是我们教育的培养目标。要达到此目标，就要求我们保质保量地开齐、开全课程，并且不打半点折扣地实施。

同时，在整个课程体系的设置上，我们也应该遵循系统性、整体性的原则，以形成一个完整的体系，从小学、初中、高中、大学，甚至是研究生教育，都应该是一个完整的体系，是递进的、循序渐进的，不应有所断裂。

> 教给学生的每一件事情都应该具有充分的理由，以免轻易产生疑问，或者容易忘记。
>
> ……
>
> 用给予理由的方法去强化一切知识就等于从事物的原因去解释事物。这就是说，不仅指出了每件事物的性质，而且说明了它为什么不能成为别个样子的理由。因为知识不是别的，它只是我们精通了一件事物的原因，与它熟悉而已。
>
> ……
>
> 所以在学校里，每件事物都应该通过它的原因去教导。[①]

教给学生的每一件事情都应该具有充分的理由。是的！读到这样一句话，不禁让我进一步发问：我们的教学是不是让学生“知其然，并知其所以然”了呢？如果我们的教学只是在告诉学生“是什么”的答案，而没有告诉学生“为什么是”的

①夸美纽斯：《大教学论》，傅任敢译，北京：教育科学出版社，1999年版，第十八章第114—115页。

求索，那么，我们的教学能称得上是成功的教学吗？“知其然，而不知其所以然”是可怕的，学生获得的不是探求新知的方法，而是一些零碎的知识。这些知识一旦脱离生活，也是无用的。

因此，我们应该多反思我们的教学。如果在传授知识的过程中，我们能多一些启发，少一些灌输；多一些“为什么”的启发，少一些“就是什么”的武断，或许更能激发起学生求知的愿望。简单地告诉学生是什么，那是一种偷懒的行径。在没有让学生弄清楚事物的前因后果之前，学生是很难真正理解事物的。

自然因为常动，所以才便丰产和强健。

由此可见，所教学科若不常有适当的温习与练习，教育就不彻底。①

夸美纽斯的这句话让我们感到，若仅靠课堂上的授课，那么教育是不完整的，还需要课后的温习和课外的练习。离开了后两者，教育也是不完整的。也就是说，完整的教育既应该有正式的课内教学，又应该有非正式的课外练习。正如《学记》中所说：“时教必有正业，退息必有居学。”“正业”就是正式的课程，即课内学习；而“居学”则是休息时的课外作业。

课外作业作为教与学的交叉点，发挥着越来越重要的作用。它是课堂教学的延伸和继续，是师生信息交流的一个重要窗口。因此，需要认真去对待。

然而，长期以来，学生的重复作业、机械作业、惩罚性作业时有出现，给学生的学业带来了沉重的负担。在繁重的作业面前，多数学生疲于应付，少数学生则是另辟蹊径，抄袭作业的现象屡禁不止。如此情形下，课外作业不但没有起到应有的作用，反而影响了教学质量的提高，还造成了部分学生的厌学情绪，甚至影响了学生的健康成长。可见，适当的反复与练习会在应试教育下异化为机械重

①夸美纽斯：《大教学论》，傅任敢译，北京：教育科学出版社，1999年版，第十八章第116页。

复、低水平的作业,不但没有起到良好的作用,相反,给学生带来了沉重的负担,影响到学生的健康成长。

《国家中长期教育改革和发展规划纲要(2010—2020)》中强调:“过重的课业负担严重损害儿童少年身心健康。减轻学生课业负担是全社会的共同责任,政府、学校、家庭、社会必须共同努力,标本兼治,综合治理。把减负落实到中小学教育全过程,促进学生生动活泼学习、健康快乐成长。”

教育工作者有责任也有义务为学生减轻作业负担,想方设法地去提高作业的效率,保证作业的低量高效。这就需要教师认真地去设计作业,尽量避免低水平的重复。

假如一个学生想获得进步,他就应该把他正在学习的学科天天去教别人,即使他的学生需得雇来,也应去教。[1]

教育家夸美纽斯认为,在教别人的时候,自己也会获得进步。因此,应该将自己所学到的东西再教给他人,这样不但巩固了知识,而且还应用了知识。这就是我们常说的:“教导别人就是教导了自己。”

因为时时复习不仅可以把一件事实不灭地铭刻在心灵上,而且“教”本身可以对于所教的学科产生更深刻的理解。所以,天才的约阿希姆·福尔丁斯就常说,假如任何事情他只听到或读到一次,它在一个月之内就会逃出他的记忆;但是,假如他把它教给别人,它便变成了他身上的一个部分,如同他的手指一样,除了死亡以外,他不相信有什么事情能够把它夺去。

“多问、多记并多教。”当一个学生因为不懂某门学科而去问他的教师、他的伙伴或书本的时候,就是发出问题。当所得的知识交给记忆,或为更求稳当起见,

---

①夸美纽斯:《大教学论》,傅任敢译,北京:教育科学出版社,1999年版,第十八章第117页。

把它写下来的时候，记忆跟着就出现了。当所得的知识传给同学或其他伙伴的时候，那就是教。

假如每一个班的教师都肯把这个极好的方法介绍给他们的学生，这当然对于许多人都是有用的，而且也容易实行。这可以照下列的方法去做：在每一节课上，当教师简要地做完了他所预备的工作，讲解过字的意义以后，就让一个学生站起来，按照原来的次序，把刚说过的重述一遍（好像他是其他人的教师一样），他的讲解要用同样的字眼，要举同样的例证，如果他错了，就替他改正。然后另外叫起一个，再做同样的讲解，旁人仍旧静听。在他以后，再叫第三个、第四个，以至需要多少个就叫多少个，直到看得出人人都已经明白了教学内容，都能理解为止。这样做的时候，教师要格外小心，先叫起聪明的学生，为其他孩子树立榜样，其他孩子就易于跟上去。

以上可能就是“兵教兵”较早的理论根据。一些学科的核心概念和主干知识，一定要达到“兵教兵”的层次。特别是在低年级需要这样做，以达到“夯实基础”的目的。对于一些学科的思想方法和常用的解题方法，也需要达到“兵教兵”的水平。

（三）简明性原则

每个学校只应该有一个教师，至少每班只能有一个教师。

每门学科只应该用一种书。

全班都应该得到同样的练习。

一切学科与语言都应该采用同样的方法去教授。

每件事都应该彻底地、扼要地、简练地教，使悟性经过一个钥匙开启以后，就能自行解释新的困难。

一切天生相连的事物都应该联合教授。

每门学科都应该分成明确的步骤去教授，使一天的功课可以扩充前一天的，引起后一天的。

最后，一切无用的事物，一定要抛弃。①

这就是教育家夸美纽斯的简明性与迅速性原则。他认为只要按照这样的方式去改进学校，整个科学领域的教学就能超出我们的预期顺利完成。从中，我们感受最深的就是简洁、明了、系统、分步。简洁就是简明扼要，不啰嗦，不赘言；明了就是要清楚明白，不模糊，不模棱两可；系统就是有关联的一定要联合在一起，不可割裂彼此的联系；分步原则就是要循序渐进，按照相应的步骤进行，不逾越。

最后一句话也让我们感受到夸美纽斯对教学内容有用性的重视。“一切无用的事物，一定要抛弃。”是的，教学一定要传授有用的知识。课堂上的时间是有限的，老师要在短短的几十分钟内将讲授的知识精炼地、清晰明了地、有步骤地传授给学生。对于无用的废话或与课堂无关的话，教师要尽量少在课堂上讲授。

我认为，一个教师同时教几百个学生不仅是可能的，而且也是要紧的；因为，对教师，对学生，这都是一种最有利的制度。教师看到眼前的学生数目愈多，他对于工作的兴趣便愈大（正同一个矿工发现了一线丰富的矿苗，震惊得手在发抖一样）；教师自己愈是热忱，他的学生便愈会表现得热心。同样，在学生方面，大群的伴侣不仅可以产生效用，而且也可以产生愉快（因为人人乐于劳动的时候有伴侣）；因为他们可以互相激励，互相帮助。②

在学校里，教师的榜样对学生的影响是深远的。在课堂上，教师的情绪对学生的感染是无法衡量的。如果一个教师讲课充满激情，语言足够丰富多彩，课堂上表现得淋漓尽致，那么学生也会受到感染，以极大的热情投入学习中去，与教

①夸美纽斯：《大教学论》，傅任敢译，北京：教育科学出版社，1999年版，第十九章第123页。

②夸美纽斯：《大教学论》，傅任敢译，北京：教育科学出版社，1999年版，第十九章第124页。

师之间形成强烈的互动。这样，学生怎么会不愿学，不想学？相反，如果一个教师讲课没有激情，只会照本宣科，那就很难吊起学生的胃口。学生不爱听讲，逃课、厌学就再正常不过了。事实上，优秀的教师之所以吸引学生，就在于他们的激情和热情感染着每一个聆听者。

一堂好课的第一个特征就是"教师要充满激情"。教师的情绪决定着课题的氛围，决定着学生学习的兴趣，决定着课堂的效果。教师没有激情，学生就难有激情，课堂就缺乏生机和活跃，也就很难使课堂教学变得高效。

优秀教师的共同特征就是对自己所做的事充满激情，他们信任自己的学生，热爱自己的工作，他们都是狂热分子，对教学全身心投入，且永不放弃。像我们熟知的名师魏书生、李镇西等，这些成功的名师无不满怀激情，有声有色，娓娓道来，他们对学生无限关爱，对教学满腔挚爱，他们把课讲得高潮迭起。美国著名教授理查德·威伍说过："伟大的教师一定是有激情的教师。"名师李镇西也说过："最好的老师要孕思考于胸中，融激情于笔端，扬激情于课堂。"任何一门枯燥的课程，只要教师用激情去演绎，一定会变得精彩。相反，如果教师缺乏应有的激情，课堂就会像一潭死水，学生就很难拥有激情，那样的课堂，除了让人恹恹欲睡，恐怕没有其他想法了。

总之，教师应该用激情去燃烧激情，让课堂闪现灵动的生命。因为激情，我们的课堂更加精彩；因为激情，我们的教师更加可敬；因为激情，我们的教育事业更加光辉。

教师还应格外当心，除非他们全在注意，否则不可进行教学。①

夸美纽斯的这句话告诉我们，我们不应该对风说话，而应该对人的耳朵说话。也就是说，如果教室里乱糟糟的，没有人听你讲话，我们应该保持安静，直到学生安静下来，把注意收回到教师这里，才开始教学。"教学"本应是有人"教"且

①夸美纽斯：《大教学论》，傅任敢译，北京：教育科学出版社，1999年版，第十九章第124页。

有人“学”，如果我们只顾自己讲，而忽视学生听，那么我们的课堂就变成了有人讲课而无人听课的场所。

在教学中，多数情况下教师进入教室上课时，教室内都比较安静，但有时也会遇到另一种情形，即当教师刚进教室准备授课时，可能教室内并不安静，甚至有嬉戏吵闹之声，但教师要求学生回答问题时，教室顿时变得鸦雀无声，一片寂静。学生纷纷埋头翻书，寻找答案，准备回答教师的提问。同样，在课堂教学中，当发现有学生开小差时，亦可应用提问的方法，把学生的注意力吸引过来。

这就要求教师要采取各种策略，吸引学生的注意力。如可以通过授课语言的起伏变化，抑扬顿挫，给学生以适当的刺激，避免学生无精打采，昏昏欲睡。通过增加声音的强度，改变语速，变换语调，引起学生去注意教师所要强调的某个部分或者所表达的重点，以增强语言的感染力，让学生听着有兴致，避免一成不变的语调让学生感到乏味。总之，课堂必须把学生的注意力全部吸引到教师这里。只有如此，才能保证课堂的高效性。

教师本身是一个最重要的因素，假如他遵守下面这八条规则，他的努力就可以成功。

1.假如在进行教学的时候，他肯耐心地不断介绍一些有趣的和实际有用的事情；因为这样，就可以激发学生的兴趣，吸引他们的注意。

2.假如在开始任何新的学科时，他用一种引人入胜的方式把它放在学生的跟前，或向他们发出问题，这样去激起学生的兴趣。发出的问题可以涉及以前学过的东西，这样去阐明它与前面学科的关系，也可以涉及新的功课。因为，假如我们把学生对于那门学科的无知的情形毫不保留地揭露出来，他就会满怀热望，要去精通它，要去彻底懂得它。

3.假如他站在一个高高的讲台上面，眼光同时看着全体学生，谁也不准做别的事，只准用心听，只准看着他。

4.假如他在可能时都利用感官，尤其视觉帮助他们去注意。

5.假如他间或中断讲解，插口说：告诉我（指出某个孩子），我刚才说的是什么呢？重述那句句子吧！告诉我，我是怎样说到这一点的呢？以及诸如此类的话，至于话的确切性质，那就要以他所教的班级为转移了。如果发现了不用心的学生，他就应该当场受到责备或惩罚。这样一来，学生就会热切和用心了。

6.同样，假如他问一个学生，而那个学生踌躇不决，他就应该依次问第二个、第三个、第十个，甚至第三十个，让他们答复，而不必重述原来的问题。结果，人人便会谛听他对其中一人所说的话，自己拿来应用了。

7.假如有些孩子对于某个问题不能答复，他就应该问全班的学生，当着其余学生的面去赞扬答得最好的学生，使他们的榜样能够刺激其余的学生。如果某个学生答错了，他就应该得到纠正。同时，错误的根源（这在贤明的教师是不难发现的）也应该弄清楚，并应指出避免重犯，这种办法之有助于迅速地进步是很不容易体会到的。

8.最后，功课完毕以后，要让学生对于想要得到解释的，不论是当时的功课，或是以往的功课，都有提问的机会。私下提问是不应该允许的。每个想要提问的学生都应该当众去问教师，或请他那一组的组长去问（假如组长自己不能够解决那一困难的话）。这样一来，全班就都可以得到益处，从问题和从答案所得的益处一样多。如果任何一个学生能用他聪明的问题帮助阐明一个重要之点，他就应该受到表扬，以便鼓励其余的学生去用功，去好学。[①]

从这些话，我们可以看到教育家夸美纽斯是非常重视教师的作用，他强调教师的主导作用。在课堂上，教师起着主导的作用，没有教师良好的“导”，课堂就无法有序地进行。

---

①夸美纽斯：《大教学论》，傅任敢译，北京：教育科学出版社，1999年版，第十九章第125—127页。

传统的课堂，的确存在着教师角色错位、位次错位、目标错位等诸多问题。现在，我们主张要把课堂还给学生，让学生成为课堂的主人、教学的主体、学习的主角，但这并不是要弱化教师的主导作用。相反，对教师提出了更高的要求。因为高效的课堂要充分发挥教师的主导作用，教师放手而不放弃，让位而不缺位。也就是需要重新定位教师的作用，而不是放弃教师的职责。

叶圣陶指出："先生的责任不在教，而在于教学生学。"威廉·亚瑟·伍德认为：平庸的教师讲述，好的教师解释，优秀的教师示范，伟大的教师启发。我们要把课堂的时空还给学生，他们是课堂的主角或主演、教学的主人或主体，他们或讨论，或讲解，或质疑，或展示。从表面上看，教师的作用似乎被弱化了，其实不然，角色的转变对教师的主导作用提出了更高的要求。如果把学生的课堂活动比作一出话剧，那么这出话剧精彩不精彩，就要看教师编的这个剧本有没有戏了。教师的剧本好，学生在课堂上一定能活起来，一定会有很多亮点。教师的剧本不好，学生就会无所适从，这堂课只能在混乱无序的状态下进行。所以，教师的主导作用不但没有弱化，反而加强了。

（四）迅速性原则和简明性原则

> 每件必需的东西都得准备在手边，它在教师指导之下使用得要正确。这类东西最好件件都事先准备好，因为，一方面，错误可以较少，另一方面，实际教导的时间可以剩得更多。①

对课前准备的强调是夸美纽斯教学论的一个具体方面。夸美纽斯不仅关注教学过程，还关注教学前的准备。他强调对教学所需的物品要随时准备在身边，以便随时都能派上用场。这样，既可以避免慌乱、节约教导时间，又可以提高课堂效率。

其实，做好课前准备是上好课的关键。课前准备充分与否是一节课成败的关键。课前准备充分，课就上得得心应手；课前准备仓促，课就上得杂乱无章。课前

①夸美纽斯：《大教学论》，傅任敢译，北京：教育科学出版社，1999年版，第十九章第130页。

准备包括上课前为这节课所做的一切准备工作，如备教材，备教法、学法，备学生，备教具、学具，备教学过程等。

优秀的教师都非常重视课前准备。名师魏书生认为自己取得成功的诸多因素中，很重要的一点就是上课从不打无准备之仗，认真做好课前准备。在诸多教师成功的秘诀中，认真做好课前准备都是其中重要的一点。课前准备看似多余、平常，其实对教师，尤其是青年教师的专业成长起着非常重要的作用。做好课前准备能使教师的每节课都从容淡定，对每节课都谨慎专注，牢牢确立课堂教学的效益观。长期坚持就会帮助教师专业成长，更快地形成自己独特的教学风格。

然而，不同的教学内容所需要的准备也大不相同。比如语文教学中，趣味性强的和故事性强的文章，准备就各不相同。学生感兴趣的，教师只需做简单的课件就可以了。如果课本的题材离学生的生活实际相对较远，那就需要教师查阅大量的资料，如《把铁路修到拉萨去》《丝绸之路》这样的文章，就需要教师查阅大量的资料，做精美的课件，通过丰富多彩的课件，让学生身临其境。可见，课前准备绝不是一个小的、可以忽视的环节，充实的课前准备有助于课堂教学内容变得更加丰富、精彩。

> 这种书籍是应该为每个学校编写出来的——要按照前面所规定的达到容易、彻底和时间经济的目标规则去写——应该构成一种全部学科的完全的、彻底的、准确的缩影。总而言之，它们应该真正表现整个的宇宙，因而把整个宇宙的真相印在学生的心灵上面。还有一点最重要的是，它们应该写得简单、明晰，应该充分帮助学生，使他们在必要时可以不必借助教师，自己就能进行学习。①

从这句话，可以看出夸美纽斯对教材的要求是超出我们想象的。他认为，学校给学生编写的教材，一定要简单、明晰，更关键的是它应该“构成一种全部学科的完全的、彻底的、准确的缩影”。也就是说，学校编写的教材不应该是琐碎知

---

①夸美纽斯：《大教学论》，傅任敢译，北京：教育科学出版社，1999年版，第十九章第125—127页。

识的堆积，而应该是系统的、成体系的；它不应该是艰深难懂的，而应是能够帮助学生进行学习的。可见，夸美纽斯心中的教材，与我们现在所理解的教材有很大的不同，真正要达到夸美纽斯提出的这种教材的要求也是很不容易的。实质上，他所需要的教材更是一种百科全书式的参考书，是学生从被教到自学都可以运用的读本。

> 为了这个目的，它们最好写成一种对话体裁。这样一来，一、使教材及其解说去适合青年的心灵便是可能的了，这两者在他们看来就能不至于显得充满困难了。没有比对话体更适于鼓动信心的，利用对话，心灵就可以逐渐被导向预期的目标。剧作家就是利用这种形式去发表他们关于道德败坏的见解，以此去规劝人们的；柏拉图的一切哲学著作，圣奥古斯丁的一切神学作品全是用这种形式写成的，西塞罗也常用这种形式去屈就读者的水平。二、谈话的形式可以刺激和保持记忆，而问与答的交替，各种表达的形式，可能引用的有趣的对话，甚至剧中人物的变换，都不仅可以抵消对于那门学科的任何厌恶，并且可以引起进一步求知的热望。三、用这种方法去进行教导，就可以产生一个强烈得多的印象。我们对于亲眼看见的事件，较之单听别人传说更容易记得。同样，通过戏剧或对话来进行的教导，较之单由教师用通常的方法去教，更能存在于学生的脑际，这是可以由经验去证明的。四、我们的生活大部分都是富有友谊性的谈话，所以它应该容易引导青年人去获得有用的知识，同时他们又可以学会流利地、好好地去发表他们自己的意见。最后，这种对话可以当做一种轻松的消遣，可以给学生们私下的集会增加生气。①

在各种教材编写格式中，夸美纽斯格外看重对话体。他认为，对话具有刺激和保持记忆的功效，让学生在情境中体验，很容易给学生留下深刻的印象，而且容易“引导青年人去获得有用的知识”。与此同时，对话可以让学生流利地表达自己的意见。既是一种轻松的消遣，又是获取知识的过程。夸美纽斯崇尚对话体，他强调没有比对话体更适于鼓动信心。

---

①夸美纽斯：《大教学论》，傅任敢译，北京：教育科学出版社，1999年版，第十九章第130页。

这句话，让我想到我们的教学，一以贯之的教学方式硬是将学生的心灵塞满，而不是循循善诱地引导，或许我们需要对话。我们的书本连篇累牍，缺少对话的格式；我们的课堂，教师一人主导，缺少与学生的平等交流的氛围。对话，不仅仅是教材的一种编写式样，更是师生平等交流、用心沟通的必要环节。

我想，对话能让我们的教师走进学生的心灵，去发现那里深埋的宝藏。让我们放下师者的架子，蹲下身去与学生对话吧！

> 凡是不能产生虔信或德行，对于心灵的培植并不重要的就是不必要的。……
>
> 所以，无论什么东西不可单因它在学校里有价值去学习，要因它在生活中有用处才可学习，这样，一个学生学得的知识才不至于一出学校，立刻就消失掉了。
>
> 知识如果不合于这个或那个学生的心灵，它就是不合适的。①

仔细品读教育家夸美纽斯的这些话，我们无不被其折服。我们的学校真的教给了学生受用终身的知识了吗？我们所教授的知识是否符合学生的心灵？这些问题都值得我们思考。比如，我们之前的外语教学，教出来的学生不能正常地用英语交流。而生活中天天要用的东西，却很多都不涉及，致使学生很难应用到生活中去。这些都是值得我们反思的。我们教学生的目的是什么？我想第一点就是要他们学会生活，并将所学的知识应用到生活中去，去创造美好的人生。

由此可见，夸美纽斯的一些想法与我们今天的新课标是一脉相承的。夸美纽斯要求学生把知识转化为能力，为学生进一步学习、工作、生活服务，着眼于将来。要求教师注重联系生活实际，有选择地组织材料。要求在学生的评价上注重

①夸美纽斯：《大教学论》，傅任敢译，北京：教育科学出版社，1999 年版，第十九章第 137 页。

可持续发展，单是学得多，知道得多，但如果这些知识对于实际生活没有用处，那这些知识就是没用的。这些不正是我们新课标的要求吗？

> 教师是自然的仆人，不是自然的主人；他的使命是培植，不是改变，所以，假如他发现了某门学科与某个学生的天性不合，他绝不应该强迫他去学习；因为在某一方面缺少的东西多半会由另一方面去补足。假如一棵树被砍掉了一枝树枝，其他树枝便会长得更强壮，因为流到它们那里去的生命力更多了；假如没有一个学生违背本人的意志，被迫去学习任何学科，我们就不会有发生厌恶和智力受到抑制的情形了。每个人都会顺着他的自然倾向去发展（按照神的意思），无论他的身份如何，都会去为上帝与人类服务。①

夸美纽斯的这段话生动地阐述了教师的使命在于发现与引领。具体地说，就是发现学生的天性，找到适合学生天性发展的学科，引领学生发展自己的天性，发挥自己的潜能。每个学生的天性是不一样的，教师只有拥有多把评价学生的尺子，不以分数论英雄，要多角度、多标准地评价学生，才有可能发现学生的天性。相反，如果把自己的眼光锁在学校教育甚至某一学科上，只会违背学生本人的意志，使学生产生厌恶或智力受到抑制。

发现学生的天性，需要教师的爱心和耐心。没有爱心的教师，是不可能发现学生的天性的，他不会放下架子，静下心来，认真观察，细心体会学生的一言一行；只有爱学生的教师，才会觉得学生身上都是优点，只不过表现的方式不同罢了。只有爱学生的教师，才会用放大镜去观察学生的优点。只有爱学生的教师，才会有耐心去细心观察学生的一举一动，才会做到持之以恒地观察，而不是一曝十寒。爱心成就了耐心，耐心使爱心得到充分展示。

发现学生的天性，需要教师的智慧。教师不仅要拥有一双敏锐的眼睛，透过看似平常的现象，发现学生平常中的反常，普通中的特殊，透过纷繁复杂的现象，发现现象背后隐藏的天性；还要有一个聪慧的大脑。不仅要积累丰富的观察

①夸美纽斯：《大教学论》，傅任敢译，北京：教育科学出版社，1999年版，第十九章第138页。

手段,科学的分析方法,还要拥有一定的科学知识。比如,什么举动透露出何种天性,什么天性适应什么学科。

发现学生的天性之后,还要会科学引领。科学引领贵在给学生的发展提供动力,有了动力,学生才会对所要学的学科感兴趣。动力的来源易激励,应让学生知道自己存在的价值,自己存在而骄傲,更为自己发展而高兴。科学引领还要注意为学生的天性与适应发展天性的学科牵线搭桥,要教给学生发展天性的一般方法,更要在学生遇到困难时及时进行鼓励,让学生为自己的点滴进步而高兴。没有敏锐的发现,科学的引领无从谈起,有了发现,缺乏科学的引领,发现就失去了意义。教师们应清楚:发现学生的天性,发现学生的潜能,这是前提,科学引领是手段,使学生发展是目的。

诸如儿童学习画画,很多家长总想让教师教给孩子一种现成的画法,画的画能尽快地接近成人作品最好,认为能达到这个教育效果就是培养成功了。其实,教师教儿童画画最重要的一条就是不能直接教具体画法,教师只是个引路人,画得好不好关键要看孩子自己。儿童教育不是强硬地塞给孩子所谓技法"诀窍",教师的指导不能违背孩子的天性或超出孩子的认知范围,一个优秀的儿童美术教师不会让孩子做孩子的心智还不能达到或不能支配的事。

> 为使镜子能够适当地接受事物的影像,事物必须是固体的,可以看得见的,并且应当合适地放在眼睛跟前。云和其他类似的东西稳定性很小,在一个镜子上面只能生出淡漠的印象,至于不在跟前的事物,那就根本生不出印象来了。所以凡是放到青年人的智力跟前的事物必须是些真实的事物,不是事物的影子。我要重复一句,就是它们必须是"事物";所谓"事物",我的意思是指一定的、真实的、有用的,能够在感官与想象上面印上印象的东西。但是它们只有相离很近时方才能生出这种印象。
>
> 我们由此可以为教师们找出一条金科玉律。在可能的范围以内,一切事物都应该尽量地放到感官跟前。一切看得见的东西都应该放到视官的跟前,

一切听得见的东西都应该放到听官的跟前。气味应当放到嗅官的跟前,尝得出和触得着的东西应当分别放到味官和触官跟前。假如有一件东西能够同时在几个感官上面留下印象,它便应当和几种感官去接触。

关于这一点,我们有三个有力的理由。第一,知识的开端永远必须来自感官(因为悟性所有的都是先从感官得来的,没有别的)。所以,智慧的开端当然不仅在于学习事物的名目,还在于真正知觉事物本身。要到事物被感官领会到了的时候,文字才可实现它的功用,给它以进一步的解释。①

从这段话,我们感受最深刻的就是从感官入手,真实地将知识展现在学生面前。这其实是个如何"教"的问题。教育是模范,教育是引导,教育是开发,教师如何去"教"从根本上关乎教育效益的高低。

培根曾指出,钻求和发现真理只有两条道路,其中一条道路是从感官和特殊的东西引出一些原理,经由逐步而不间断的上升,直至最后才达到最普通的原理。这是正确的方法。在此理论指导下,我们就能得到使自己讲授的知识尽可能不走样的根本办法,那就是把学生的感官领进自然,带到客观事物面前。

这就要求我们的教师要努力提高专业知识,提高课堂授课水平,要有化腐朽为神奇的教学技能。要致力于培养学生良好的思维习惯,努力提高他们的认知水准。培养学生的观察力、持久而强烈的好奇心,培养学生的直觉性能、丰富的想象力,培养其善于追求探究事物间关系、善于分析研究问题的能力,培养其动手能力。

除此,教师的讲解要生动形象,要通俗易懂,要化深奥为简易,化抽象为直观。不过需要提醒的一点是,不能为了形象而形象,为了浅易而浅易。

科学愈是依赖感官知觉,科学的可靠性就愈成比例地增多。所以,假如

①夸美纽斯:《大教学论》,傅任敢译,北京:教育科学出版社,1999年版,第二十章第141页。

我们想使我们的学生对事物获得一种真正和可靠的知识，我们就必须格外当心，务使一切事物都通过实际观察与感官知觉去学。①

教育家夸美纽斯非常强调实际观察和感官的知觉，也就是非常重视直接经验。对于小学生而言，直观性教学更为有效。

据研究，小学生思维发展的基本特点是以具体形象思维为主要形式逐步过渡到以抽象逻辑思维为主要形式，但是这种抽象逻辑思维在很大程度上仍然与感性经验相联系，仍然具有很大成分的具体形象性。也就是说，小学低年级学生的思维虽然有了抽象的成分，但仍然是以具体形象思维为主。比如，他们所掌握的概念大部分是具体的、可以直接感知的，他们难以区分概念的本质和非本质属性。到中高年级，小学生则能区分概念的本质和非本质属性，能掌握一些抽象概念，能运用概念、判断、推理进行思考。然而，即使是只要求儿童进行对抽象的数进行运算的题目，儿童往往会借助图像来求解，当解题遇到困难时，这种现象更为常见。这就进一步突出了教学直观性的必要性。信息化手段也为教学的直观性创造了条件。

在教学过程中加强教学的直观性，尤其是电教媒体的运用，能使抽象的概念具体化，深奥的道理形象化，枯燥的知识趣味化，不但使教材变得容易理解和接受，而且容易引起学生的学习兴趣，激发学生的热情，使其集中注意力，有利于培养学生的观察能力、发展思维能力，并能缩减教学时间。学生在无意注意的条件下进行学习，还可以减轻他们的疲劳，提高教学效率。

如，在教学《自己的事情自己做》一课时，若小花猫的故事以动画片的形式出现，从视觉和听觉上让学生感受其中的道理，就会使教学内容变得生动又形象。在教学《我爱首都北京》一课时，书上只有简单的几幅图片，教师可以在网上搜集一些有关北京的知识，制成课件展示给学生，这样不仅生动具体，而且容易突出重点，激发学生对北京的热爱之情。

①夸美纽斯:《大教学论》，傅任敢译，北京：教育科学出版社，1999年版，第二十章第142页。

> 没有光亮,事物呈现到眼睛跟前也是没有用处的。教学艺术的光亮是注意,有了注意,学生才能使他的心理不跑野马,才能了解放在跟前的一切事物。谁也不能够在黑暗里面或闭着眼睛看见东西,无论那件东西离他多么近;同样,假如你对一个用心的人说话或把一件东西指给他看,你都能够在他的感官上产生印象。这一点我们可以从某些人的身上看出来,他们专心沉思的时候,对于眼前发生的事全不理会。所以,凡是想在晚上把任何东西指示给别人的人就必须准备好光亮,他必须把那件东西擦亮,使它发出光辉;同样,假如一个教师想用知识去照耀一个置身在无知之中的学生,他就必须首先激起他的注意,使他能用一种贪婪的心理去吸取知识。①

夸美纽斯很强调教学艺术,非常重视教学过程中的注意,提出了经典的名言:教学艺术的光亮是注意。而教育家苏霍姆林斯基也曾说过类似的话:我一千次地确信,没有一条富有诗意的感情和美的清泉,就不可能有学生全面智力的发展。无论是学生全面智力的发展还是注意都是靠精彩的教学语言去牵引的。可见,注意是获得良好学习效果的一个重要前提。

平时,我们总听到有些教师反映学生上课注意力不集中、做小动作、上课不积极回答问题……导致整个课堂死气沉沉,不活跃。但静下心来,反思我们自己的课堂,我认为这种情况不能一味地责怪学生不配合教师。如果教学语言像一潭死水,激不起半点波澜,激不起学生学习的兴趣和求知欲,那么教学艺术就失去了光彩。学生是学习的主体,只有学生学习的主体意识被唤醒,学生才会真正成为学习的主人,成为知识的强者,成为不断进取的创造者。

在多媒体教学时代,我们的教师应该善于运用多媒体手段进行教学,以吸引学生的注意力。运用网络多媒体辅助教学时,呈现在显示屏上的课件不仅将学生从单调的“黑白世界”带入了绚丽的彩色世界,而且图文声像并茂,直观动态,富有表现力,给学生以视觉、听觉等多种感官刺激,极易吸引学生的注意力。例如:在《光合作用》一节的网络多媒体课中,“光合作用的发现”是一大段枯燥的文字介绍,若把它制成网络多媒体课之后,学生面对的不再是枯燥的文字,

---

①夸美纽斯:《大教学论》,傅任敢译,北京:教育科学出版社,1999年版,第二十章第143—144页。

而是生动的多媒体影像，通过丰富多彩的网络世界，把学生带入一个学习的天堂。因此，教师要善于根据讲课内容，设计必要的情境，如制成 Flash 课件，使学生的多种感官参与进来，保持积极注意。

凡是教授科学的人都应该遵守，它们可以用九条极有用的规则表示出来。

第一，凡是应该知道的就必须教。

教学的人要当心，不可对学生隐藏任何事情，无论是有意，如同有嫉妒心的和不诚实的人的所作所为，或者是疏忽，如同敷衍塞责的人们所干的。诚实与勤劳是必需的两件事情。

第二，凡是所教的都应该当做能在日常生活中应用并有一定用途地去教。

第三，凡是所教的都应该坦率地教，不可错综复杂地教。

事物应当就它们的真实性质放到学生的跟前，不可隐蔽在字句、隐喻或夸张里面。假如目的是在夸大或贬低，赞扬或诋毁已知的东西，这种种设计是有它们的用处的。但是在获取知识的时候，它们是应当避免的，应当把事实坦白地摆出来。

第四，凡是所教的都必须顾到它的真实的性质与起源去教；就是说，要通过它的原因去教。

第五，假如要学任何事物，它的一般原则必须首先得到解释。然后才可以考虑它的细节，不到那时候不能考虑。

第六，一件东西的一切部分，甚至最小的部分，都必须顾到它们的秩序、地位和彼此的关系去学习，不能稍有例外。

没有一件东西是白白地存在的，有时，大部件的力量还依靠最小部件的力量。

第七，一切事物都必须按照适当的顺序去教授，一次不可教一件以上。

第八，对于任何学科，非到彻底懂得之后，不可中途离弃。

第九，应该强调事物之间所存在的区别，使我们所得的关于它们的知识来得明白而清晰。①

认真品读这九条原则后，不管你教授什么学科，相信都能获得一些有价值的启发。笔者感受最深的是教学不是一个随便的“活计”，而是有它专门的规律、方式和方法。

如第一条，强调了教学的真诚性。教学是个良知活。我们常说，要想给学生一碗水，教师不能仅仅只有一桶水，教师应该是一条流动的河，是取之不尽的长流水。教师的工作就是无私的奉献，而不是随便的敷衍塞责。

第二条，强调的是教学内容与日常生活的关系。我们所教授的知识，不是从某种乌托邦取来的，也不是从柏拉图式的观念借来的，而是我们身边所发生的事实。要使所教内容生活化、情境化，首先必须使教学尽量做到切近生活，切近实际。凡是所教的都应该当做能在日常生活中应用并有一定用途的去教，既让学生感觉到内容的亲切性，易于理解，又具有较强的实用性。

再如第七条，强调教学的适度性原则。教学不可以无序杂乱，而应该有序、适度地进行，教学不能使学生负担过重。夸美纽斯这种注重儿童年龄的思想既是教育适应自然原则在具体实践中的体现，又是人本教育的本质要求。我国古代的教育名著《学记》中的“当其可之谓时，不陵节而施之谓孙”讲的就是教学的适度性。

①夸美纽斯：《大教学论》，傅任敢译，北京：教育科学出版社，1999年版，第二十章第145—148页。

第八条，强调学习的彻底性。学习如爬山，不能因为有困难而半途放弃，应该有努力攀登高峰的信心和勇气。

总之，科学课程的开设应向学生提供充分的科学探究机会，使他们在像科学家那样进行科学探究的过程中，体验学习科学的乐趣，增长科学探究能力，获取科学知识，形成尊重事实、善于质疑的科学态度，了解科学发展的历史。

第斯多惠就曾说过，要给予儿童真知，更要引导他们主动寻求真知。正所谓：授人以鱼，不如授人以渔。引导学生自主获取知识或信息，对于培养学生学会学习、终身学习亦具有重要意义。

艺术教学法十一条规则：

第一，凡是应当做的都必须从实践去学习。

师傅并不用理论去耽搁他们的徒弟，而是从早就叫他们去做实际工作；比如，他们从锻炼去学锻炼，从雕刻去学雕刻，从画图去学画图，从舞蹈去学舞蹈。所以，在学校里面，应该让学生从写字去学写字，从谈话去学谈话，从唱歌去学唱歌，从推理去学推理。这样一来，学校就可以变成一个忙于工作的工场，凡是努力获得了成就的学生就可以体验到一句成语的真理，就是："我们同时形成了我们自己，也形成了我们的材料。"

第二，应做的东西，永远必须有一个明确的模型。

学生首先应该考察这个模型，然后再去模仿，就像他是在步一个向导的后尘一样。因为一个不知道应做什么，也不知道怎样去做的人，是不能够自己做出什么东西来的，必须有一个模型放在他跟前。

第三，工具的用法应当用实践，而不是用言语去指示；就是说，要靠榜样，不要靠教诲。

儿童学习行走、奔跑、谈话与游戏，全是这样从模仿学来的，不要任何艰难的规则。规则对于悟性像一些荆棘，要懂得它们的意义既需注意，又需能耐，而榜样则是最愚蠢的学生也可以受益的。没有一个人单靠规则精通过任何语言或艺术；至于通过实践，即使没有教诲，精通也是可能的。

第四，练习应从基本做起，不要开始就去从事野心勃勃的工作。

第五，初学的人应当先用他们熟悉的材料去练习。

第六，最初应当精确地模仿指定的形状，后来才可多给一些自由。

第七，应制事物的模型必须尽量完好，务使任何人充分模仿过后都能在他的艺术上面达到完好的境地。

第八，头一次的模仿应当力求正确，不要稍有背离模型的地方。

第九，错误必须由教师当场改正；但是同时也要给予教诲，这是指的规则和规则的例外。

第十，艺术的完善的教学基于综合与分析。

第十一，这种种练习必须继续到艺术品的产生变成第二天性为止。[①]

读完夸美纽斯关于艺术教学法的十一条规则后，我们能从中感受到一个教育家的细致和伟大。这些原则对于我们从事艺术教学具有重要的借鉴价值。诸如从实践中去学、应有明确的模型、要依靠榜样、从基本做起、从熟悉的材料练习、注重第一次模仿、当场改正给予教导，等等。这些都是我们教师应该汲取的。

在这里，我们也可以发现重视实践是夸美纽斯的教育思想的一大特色。他强

---

①夸美纽斯：《大教学论》，傅任敢译，北京：教育科学出版社，1999年版，第二十一章第149—155页。

调活动的首要性:“凡是应当做的都必须从实践去学习。”在学校里,应该让学生从写字去学写字,从谈话去学谈话,从唱歌去学唱歌,从推理去学推理。这样一来,学校就可以变成一个忙于工作的工场。

心理学家皮亚杰说过:“活动是认识的基础,智慧从动作开始。”学生在学校里,不仅是为了取得一份知识的行囊,更重要的是为了变得更聪明。要使学生获得充分的发展,一定要使课堂教学、课外活动两个“轮子”一起转。

“纸上得来终觉浅,绝知此事要躬行。”经历就是收获,参与就是成功。生活是教育的源泉,教育需要与生活接轨,让学生在生活中寻找、发现、探究、认识和掌握知识,在“躬行”中获取知识,领悟道理,学会生活,发展能力,陶冶情操,塑造人格。让学生在整个活动过程中收获经验,收获智慧,最终收获成功。

学习语文,并非因为它们本身是博学或智慧的一部分,而因为它们是一种手段,可使我们获得知识,并把知识传授给别人。

所以,不必学习一切语文,因为这是不可能的;也不必学许多语文,因为这没有用处,而且会浪费许多可以用来获得实用知识的时间;应学的只是必需的语文。……

语文的学习,尤其在青年时代,应当和事物的学习联系起来,使我们对客观世界的认识和对语文的认识,即我们对事物的知识和我们表达事实的能力得以同步前进。因为我们是在形成人,不是形成鹦鹉。

由此可见,第一,学习文字不应该离开它们所代表的事物;因为事物不是分别存在的,没有文字是不能够懂得的,它们是两者并存,一同履行它们的功用的。……

对于多数语言,我们的方法可以归纳成八条规则,可以使学会各种语言变成一件容易的事情。

第一,每一种语言都当分别学习。

一种语言永远应当在学会另一种语言以后去学,而不是同时学;否则学的时候,两者会弄混。要等彻底学会以后,用并行的文法、字典等方法去作比较才有用处。

第二,每一种语文都必须有一定的时间去学习。

第三,一切语言通过实践去学比通过规则去学来得容易。

第四,但是规则可以帮助并强化从实践得来的知识。

第五,语言所化成的规则应当是文法的,而不是哲理的。

第六,在为新学的语言写述规则的时候,心里必须时时记住业已学会的语言,只应强调两种语言的不同之点。

第七,新学一种语言的时候,最初的练习必须从业已熟悉的题材入手。

第八,所以,一切语言都可以用这个方法去学。这就是说要通过实践去学,同时也学一些极简明的,只涉及它与业已学会的语言之间的异点的规则,要通过涉及业已熟悉的题目的练习去学。①

从这里,我们可以看到教育家夸美纽斯对语文学习的论述是多么精彩。他并不主张学习一切语文,因为这是不可能的。学习许多语文,也是没必要的。庄子曰:吾生也有涯,而知也无涯。以有涯随无涯,殆已!是的,学生在校学习的时间是有限的,在这有限的时间里,一定要教给学生必需的、有用的知识。所以,夸美纽斯的建议是很珍贵的,我们应该学的只是必需的语文。

---

①夸美纽斯:《大教学论》,傅任敢译,北京:教育科学出版社,1999年版,第二十二章第157—160页。

而教授语文,我们应该避免空谈,而应当和事物的学习联系起来,加深对客观世界的认识。因为语言不会凭空产生,语文也不能无所依傍地凭空运转。

从中,我们可以看到夸美纽斯特别重视并反复强调认识事物对语文学习的重要性。夸美纽斯之所以如此强调认识事物的重要性,是因为他认为对事物的认识是语文表达的内容,语言的运用只不过是一种形式;离开了内容,形式将不复存在。而且学生在认识事物的过程中可以提高智力,变得聪慧、敏锐。在夸美纽斯的时代,人们的注意力集中在对客观世界的科学探索上,他也不可避免地受这种社会思潮的影响。我们认为事物不仅是指自然界的存在,还包括事件、各种社会现象以及人自身。夸美纽斯不赞成从文法学习语文。因为文法、规则是抽象、枯燥和消极的,学习语文应多读合适的优秀作家的作品,反复揣摩,学习运用。“通过实践,即使没有教诲,精通也是可能的。”优秀的作品就是运用语言的榜样,榜样的作用远远胜过教诲。而且作品中的认识、思想、感情都具有多方面的启迪和推动作用,它是鲜活的、富有生机的。这些论述,如今看来依然闪烁着光辉。

总之,夸美纽斯所倡导的识字应当和认识事物结合起来,阅读写作的练习永远应当结合在一起,认识、理解和表达应该是一体化的,这些思想对我们今天的语文教学仍然有很重要的价值。夸美纽斯已经意识到了语文教育广泛而深刻的综合性,并深刻揭示了语文教育的实践性特征。

反观我们现在的语文教学,部分教师看重课文内容的背诵而忽视对生活世界的观察,写作文不是从现实观察入手,而是模仿所谓的作文宝典。语文教学脱离了生活的源泉,必定是枯燥无味的,这一点应该引起我们注意。

形成道德的艺术是根据下列十六条基本规则:

第一,一切德行都应当培植到青年身上,不能有例外。

因为在道德上面,没有一件事情是能够省略而不留下一道罅隙的。

第二,主要的德行应当首先培植;这些德行是持重、节制、坚忍与正直。

这样，我们就可以保证建筑不会没有基础，各个部分定能形成一个和谐的整体。

第三，持重应当从接受良好的教导，从学习事物间的真正区别和那些事物的相对价值去获得。

对于事实问题的健全判断是一切德行的真正基础。

第四，应当教孩子们在饮与食、睡眠与起床、工作与游戏、谈话与缄默方面，在整个受教期间实行节制。

第五，坚忍应当从自我克制去学习；就是要在错误的时候或者过了恰当的时候，就要压下游戏的欲望，要抑制急躁、不满足和愤怒。

这后面的原则是，我们应当使孩子习于根据理性去行动，不要受冲动的指挥。因为人类是一种理性动物，所以应当听从理性的领导，在行动之先应当仔细想想每种作为应该怎样去做，使自己真正成为自己行为的主人。……凡是想教导孩子的人，开始就应当使他们习于服从他的命令。假如人类从小就能学会彼此让步，学会在一切所做所为上接受理性的指导，我们确乎就可以怀抱一种希望，希望现在充满世上的骚乱能被一种比较良好的状况所代替。

第六，青年人应当不损害人，应当把各人当得的给予各人，应当避免虚伪与欺骗，应当显得殷勤随和，这样学习才能做到正直。

第七，青年人格外必需的坚忍是坦率大方与忍劳耐苦。

因为既然人生必须有交往和活动，所以孩子们必须学会敢于正视别人，学会应付真实的劳苦，毫不畏缩。否则，他们便会变成遁世的人，厌世的人，或变成懒惰的人，碍事的人。德行的实行靠行为，不靠文字。

第八，坦率大方是由经常接近有价值的人，由在这种人前按照所受的教诲去行动而获得的。

第九，假如孩子们不断工作或游戏，他们便能学会忍劳耐苦。

孩子只要有事可做，至于做的是什么事，或者为什么要做，那都没有分别。从游戏里面，我们可以学到许多日后环境需要时有用的事。所以，我们必须由工作去学会怎样工作，如同我们由行动去学习怎样行动一样（有如我们在上面所说的）；这样一来，身心不断地有事可做，同时必须避免一切过度的压力，结果就可以产生一种勤奋的性情，使人非常活泼，受不了懒性的安逸。

第十，与正直同源的德行，或敏于而且乐于替别人服务的态度应当尽力在青年人身上培植起来。

令人憎恶的自私自利的恶德是我们的腐败天性中所固有的。因此，人人想到的没有别的，只有自己的幸福，脑子从不想到别人。

这是人生紊乱的最大根源，因为人人只顾自己的事情，忽视共同的福利。所以，我们必须尽力把人生的真正目标教给青年，必须教导他们，使知我们生来不是单为我们自己的，而是为的上帝与我们的邻人，就是说，为的人类。……

假如他们受到了正确的教导，他们是会这样实际去做的。

第十一，德行应该在邪恶尚未占住心灵之前，早早就教。

儿童应当及早好好训练，确乎是一件最重要的事情，因为一只瓶子新的时候可沾染的气味是可以保持很久的。

第十二，德行是由经常做正当的事情学来的。

孩子们容易从行走学会行走,从谈话学会谈话,从写字学会写字。同样,他们可以从服从学会服从,从节制学会节制,从说真话学会真实,从有恒学会有恒。但是孩子必须同时得到忠告和榜样的帮助。

第十三,父母、保姆、导师和同学的整饬生活的榜样必须不断放到儿童的跟前。

因为孩子们和猿猴一样,爱去模仿他们所见的一切,不管是好是坏,甚至没有吩咐他们去做,也是一样;由于这个缘故,所以他们学会运用他们的心灵以前,先就学会了模仿。所谓"榜样",我的意思是兼指活的榜样和书本上的榜样;事实上,活的榜样更重要。假如父母是有道德的,是家庭教育中的小心谨慎的保护人,假如导师是用了最大可能的小心选来的,具有优异的德行,这对青年人的道德的正确训练,便是一大进展。

第十四,但是榜样之外,关于行为的教诲与规则意识是必须的。

第十五,儿童必须非常用心地避免不良的社交,否则他们便会受到传染。

第十六,我们不可能谨慎到不让任何恶事得到一个进口。所以,严格的纪律是必须用来制止邪恶的倾向的。

我们应当用纪律去抗拒它们,就是说,有需要的时候就应当利用责备或惩罚,斥责或鞭挞。这种惩罚永远应该当场执行,使邪恶刚一出现就可以受到遏抑,或尽可能连根拔除。所以,纪律应该时时经心,目的不在强迫用功(因为加入能用正当的方法,学习对于心灵总是具有吸引力的),而在保证澄清的德行。①

教育家夸美纽斯是非常重视德育的,他认为学校里除了科学和艺术的教导外,

①夸美纽斯:《大教学论》,傅任敢译,北京:教育科学出版社,1999年版,第二十三章第164—169页。

还有更为重要的工作，那就是道德教育，他认为这是学校里的一种“真正的工作”。他认为一所完全尽职的学校应该是“一个真正锻炼人的地方”，为了这个目的，学校的任务不单是去教导科学，还应该是教导道德，但是当时学校对于道德品质的培养并不重视，其结果只能是，学校培养出来的“不是顺从的羔羊，而是凶狠的野驴和倔强的骡子”。因此，学校应该把一切德行都在青年身上培植起来。

夸美纽斯不赞成口头说教，主张用活的榜样来教导儿童。因为孩子们善于模仿，所以易于受榜样的影响。这就要求教师不断提高自身修养素质，才能成为一个合格的、让孩子模仿的榜样。还有，如今我们正在努力地通过各种途径，帮助家长转变教育观念，提高教育水平，提升家长素质，一切都是为了给孩子树立一个良好的榜样。

学生乐意接受的榜样人物不是古老的神话，而是与他们一起呼吸着时代气息，有着鲜活的时代面孔，在这些榜样人物身上能找到一种时代精神，如从刘翔等运动健将身上学习拼搏的精神。其次，榜样与学生的距离感不能过分悬殊。榜样人物的选取要贴近现实、贴近生活、贴近学生，并且榜样的人物故事必须与学生有沟通点和连接点。因此，学生周围的同伴、教师与家长已经在无形中起着榜样的作用，教师与家长的言传身教对学生道德习惯的养成发挥着重要的作用。事实上，“活榜样”比书本上的榜样更加重要，因为儿童在现实生活中接触的人会给他们留下更为深刻的印象，对他们的影响也更加强烈。

除了榜样引导，夸美纽斯并不忽视训条的作用。俗话说，没有规矩，不成方圆。夸美纽斯在文中非常严肃地提到了纪律，但是我们现在是禁止体罚学生的，在这一点上，我们不能向夸美纽斯说的那样“鞭挞”学生，但是适度的惩罚是必要的，既然有奖励就要有相对应的惩罚。我们可以借鉴魏书生老师的一些惩罚方式，如罚学生表演一个节目等，在不伤害学生身心的前提下，给予必要的惩罚或引导其自我反省、自我教育。

夸美纽斯格外重视儿童的交际，他认为儿童必须非常用心地避免不良的社交。不怕没好事，就怕没好人。跟什么人打交道，就很容易沾染这种人的脾气秉性。我认为这需要学校、家庭、社会三方面的努力，共同为孩子营造一个良好的环境。尤其是家庭，家庭环境对于一个人的成长起着决定性的作用，所以我们的家长学校工作是非常重要的。

除此之外，其他的一些见解，如在培养主要德行方面要注意培养节制、坚忍的德行，在方法方面重视实行和榜样，这些思想都是具有积极意义的。因此，在道德教育中应采用多种道德教育方法以达到道德教育的目标，而不能以说理教育对学生进行道德"灌输"；在实行说理教育时应注意说理的趣味性，激发学生的学习兴趣。

做事先做人，德育是一切教育之首。

德行的培养是由经常做正当的事情而学来的，而不是靠文字。一味地叮嘱或告诫而不去实践，在道德教育中是根本行不通的。孩子们会在不断的工作或游戏中学会忍苦耐劳，从而会产生一种勤奋的品行。此外，儿童在活动的过程中，我们必须给予他们一定的忠告，对他们加以正确的引导。这样，他们就能学会日后的生活中所需要的正确行为，同时也会引起他们的身心不断地发生变化，从而产生良好的性情，并最终形成良好的道德品行。

> 但是有人又会说："那些作品的内容并不全是坏的。"我的答复是：恶比善容易固着得多，所以把青年人送到一个善恶一同出现的地方是一种非常危险的办法。[1]

夸美纽斯的这句话引人深省。让我想起了《国语·周语下》中的一句话："从善如登，从恶如崩。"其意就是，顺随善良像登山一样，顺随恶行像山崩一样。比喻学好很难，学坏极容易。对此，夸美纽斯看得很清楚，将儿童送到善恶的边缘，无益于让儿童从恶。一旦沾染恶习，改正是很困难的。基于此，夸美纽斯的主张是，应该排除不良内容的书籍，保持学生学习教材的纯洁性。这就要求我们在选择教材时，应该选择对孩子有益的书籍，而不是不加区分地将一些低级趣味

①夸美纽斯：《大教学论》，傅任敢译，北京：教育科学出版社，1999年版，第二十五章第192页。

的书籍买来供孩子们学习。如今图书市场上，各类书籍杂陈，鱼龙混杂，作为教育者的我们应该特别注意儿童接触到的书籍是否真正有益，尽量让儿童避免不良书籍的侵染。

> 波西米亚有一句谚语说："学校没有纪律犹如磨盘没有水。"这是很对的。因为如果你从磨坊取去了水，磨盘就会停止，同样，如果你从学校取消了纪律，你就是剥夺了它的发动力。……因为纪律不是别的，它只是一种不会失败的方法，我们可以用来使我们的学者变成真正的学者而已。[①]

夸美纽斯非常重视纪律的作用。没有纪律，学校就是一盘散沙。对于一个班级来说，也是如此。如果一个班级没有良好的纪律来约束，那么班级就会像一匹脱缰的野马，它将影响到一个良好班级的创建。所以制定一些行之有效的管理制度就显得尤为重要。对于小学而言，除了要把握好教育方针、教育目标和学校的整体教育工作的重点方向，引导学生学习《小学生守则》《小学生日常行为规范》等内容以外，还要在班级工作中充分发挥学生的自主性，鼓励学生全员参与，献计献策，建章立制，制定班规。

然而，在教育手段的实施中一定要"严"。俗话说得好："严是爱，纵是害，不管不问要变坏。"教师应当学会在对学生的严格要求中取信于学生，"严"不是"厉害"，两者不能混为一谈。"厉害"是一种生硬、粗暴的教育方式，只会起反作用，达不到教育目的。"严"则是热爱学生的一种表现方式。要让学生对教师真心爱戴，教师对学生首先要严慈相济，严而不厉，爱而不纵。施爱要面向全体同学，避免产生对个别学生的偏爱现象。制定出的班规应常抓不懈，否则有可能成为一纸空文。定期有重点地针对学生的行为、仪表等方面进行量化检查监督。坚持每天一公布，一周一小结。发现问题及时订正，根据量化结果进行一定的奖励。尽可能地全面、科学、多角度、公正地评价，以促进良好班风的形成。

由此我们得出结论，严格的纪律是形成良好班风、学风、校风的前提和保障。

---

①夸美纽斯：《大教学论》，傅任敢译，北京：教育科学出版社，1999年版，第二十六章第198页。

不管什么时候,必要的纪律都是不可缺少的。必要的纪律,既能保证学生养成良好的学习习惯,也能保证大家有一个良好的学习环境。实践经验要求,课堂上学生必须要专心倾听别人的发言,不能随意打断别人的话;参与活动时,要专心,不能三心二意;自己学习时,不能做影响别人的活动等等,也就是,要做独处时的小主人,合作时的小伙伴。

只要我们的方法到位,不盲目地去娇宠学生,就能在课堂上做到既遵守纪律又活而不乱。当然,新课改的课堂就更需要老师有收放自如的管理能力了。其实,教师只要善于引导、调控,让学生"乱"而有"形",做到"形"乱而神不乱,又何尝不可?教师如能正确处理好"收乱"与"放活",将学生在一定的自由探究下的"放"与教师不露痕迹的"收"结合起来,必能收到较好的教学效果。

> 我们可以从一个无可争辩的命题来开始,就是犯了过错的人应当受到惩罚。但是他们之所以应受惩罚,不是由于他们犯了过错(因为做了的事不能变成没有做),而是要使他们日后不去再犯。所以,纪律应当免除人身的因素,如同愤怒或憎恶,而应怀抱如此坦白、诚恳的目标去执行,使学生也知道是为了对他们有好处,在上的人只是执行父母的权力而已。这样一来,他们便会把惩罚当做医生给他们开的苦药一样看待了。①

一直以来,国内教育界对是否需要惩罚争论不休。夸美纽斯给了我们解决这个问题的答案,或许能给我们更多的启示。他认为惩罚有过错的人是应该的,而且这无须争辩。但我们必须明白,惩罚不是因为学生犯了错,而是要使他们日后不再犯错,也就是我们常说的"下不为例"。并且,在执行纪律的时候,不应带有私人感情,而应该坦白、诚恳地去执行。

教育家马卡连柯也曾说过:适当的惩罚,不仅是教育者的权利,也是教育者的义务。跌倒了不可怕,可怕的是在同一个地方跌倒。其实,适度的惩罚并不等同于体罚。魏书生老师在学生犯错误的时候让学生写"说明书",不就是让学生

①夸美纽斯:《大教学论》,傅任敢译,北京:教育科学出版社,1999年版,第二十六章第198页。

反思自己的行为，找出错误的根源，针对自己的病症，开出适合自己的“药方”吗？孩子小，不可能不犯错误，在磕磕绊绊中，学生会学到更多的东西。

因此，我们既要赏识孩子，多加鼓励，必要的时候，还要有适度的惩罚。

严格的纪律不应当在跟学习或文术练习有关的事情方面去用，只能在道德问题遇到危险时用。因为我们已经说过，功课学习如果组织得合适，学习本身就有充分的吸引力，就可以利用它们固有的快感吸引一切人（畸形的人例外）。假如情形不是这样，错处不在学生身上，而在教师身上，假如我们的技巧不能把印象印在悟性上面，我们的教鞭是不会发生效力的。事实上，施用任何强力的结果，我们反而只能使人厌恶学问，不能使人爱好学问。所以，我们每逢看见有人心灵受了病，不爱用功，我们当用温和的疗法去除掉它的毛病，绝对不可采用粗暴的方法。①

严厉的惩罚在夸美纽斯看来是有条件的，只适用于道德方面的缺失。也就是说，只有当孩子违反道德规范时才可以采用惩罚，而不应因学习成绩来惩罚学生。但是，在现实的教育情境中，惩罚不仅存在于道德方面，还广泛地存在于学生学习的诸多方面。我们经常会发现，学生由于学习成绩不理想或比较淘气而受到惩罚。惩罚在教育领域中呈现出泛化的现象，这一点应该引起注意。

除此，人们对惩罚的态度也应该引起我们的关注。有调查发现，在“你认为课堂上教师是否可以使用惩罚？”的问卷上，66%的教师认为使用惩罚是非常必要的，而 80%的学生也认为教师可以使用惩罚。人们对惩罚的这种认同，不能不让我们担忧。

但我们应该看到惩罚只是维持制度的一个有力手段，却不是万能的。因此，我们应该理性地看待惩罚。即使学生道德方面出现问题，教师也应该有耐心地加以教导，而不是采取简单、粗暴的惩罚。因为简单、粗暴的叱责不但不能使学

①夸美纽斯：《大教学论》，傅任敢译，北京：教育科学出版社，1999 年版，第二十六章第 199 页。

生心服，感受到老师对他们的关怀，反而易引起学生的逆反。

惩罚是一种教育手段，可是惩罚也仅仅只是一种教育手段，它绝不是教育的目的。教育的真谛是爱，我们必须基于爱的原则来实施惩罚，以达到教育人的目的。学生犯了错，尤其是造成了不良后果的错误，我们惩罚——这是罚之有理；适当惩罚，让学生在受罚中接受教育，改正错误，纠正不良思想行为，又不会造成教育的不良后果——这是罚之有度。

惩罚教育实际上就是一个“修枝去杈”的过程。一棵树发了枝杈，影响树木的生长，要想使其正常生长，就要对其“修枝去杈”，剪掉会影响生长的枝杈，修剪还要恰到好处。剪错了或者修剪不得法，不但不能使其健康生长，反而会影响其正常生长。那么惩罚教育也一样，罚之不当，罚之失度，就会造成不利于学生健康成长的人为环境。只有合情合理的罚、尺度适当的罚，才有可能使惩罚达到教育的目的。

如果学生明白了自己的错误，而且有所醒悟，就可不必再追究。因为斥责的目的也就是要让孩子认识到自己的过失。否则，一味地责备只会伤害学生的自尊心，适得其反。总而言之，凡事都应该本着实事求是的态度，弄清事情的原委。对学生的过失不夸大，也不掩饰。责备时，冷静而又热情，不使用偏激的语言，字字句句都要说在理上。要使孩子感到亲切，感到教师是在讲道理，目的是教育自己学好，教育自己学会做事做人。因此，在教育学生时，教师既要严肃，又要冷静，同时还要满腔热情。

> 他应当经常把他们应该模仿的行为的榜样给予他们，应当把自己当做一个活生生的榜样。除非他能这样做，否则他的一切工作都将是白费。

> 他可以忠告，可以劝导，有时候还可以谴责，但是他应该格外当心，要把他的动机表示明白，要确切无误地表明他的动作的根据是父亲般的慈爱，为的是要建立学生的品性，不是要去压制他们。除非学生明白这一点，完全相信这一点，否则他是会轻视一切纪律，存心反对纪律的。

最后，假如某些人没有受到温和方法的影响，就必须求助于比较粗暴的方法，要到用尽一切方法之后，才能宣布一个学生不堪造就。

……

这种品性的训练只能通过上述的方法去完成，就是：用良好的榜样，用温和的言辞，并且不断诚恳地、直率地关心学生。突发的愤怒只能用在例外的情境上面，应当存心使结果能恢复良好的感情。①

是的，教师应该成为一个活生生的榜样！叶圣陶先生在《假如我当老师》一文中特别强调教师要以身作则，要求学生怎么做，教师首先要做到。“我认为自己是与学生同样的人，我所过的是与学生同样的生活，凡希望学生去实践的，我自己一定实践；凡劝诫学生不要去做的，我自己一定不做。”“近朱者赤，近墨者黑。”希望学生勤快整洁，教师自己一定要勤快整洁。如上体育课要求学生穿球鞋，那么自己一定要做到；要学生作业书写清楚端正，那么自己就要有漂亮的板书；要求学生读书读出感情，自己就要有感情地范读……其实，一切都无须多言，只要教师做到了，孩子们肯定能争相效仿。

事实证明，德育不是简单的写在纸上、贴在墙上、喊在嘴上的口号，而体现在身边的每一件小事、每一个细节中；德育也不是只强求学生去做的而教师可以违背的事情，德育必须得有教师的榜样作用才行。

一个渔夫用网到深水里面捞鱼，他不独用铅块悬在网上，使它沉下去，而且把橡木系在网的另外一端，使它能够浮到水面。

同样，凡是想把青年捞入德行的网里的人，他就必须一方面用严酷的办法使之畏惧和恭顺，一方面用温和与情爱的办法去抬高他们。凡是能够结合这两个极端的教师就是幸福的教师！凡是能够得到这种教师的孩子就是

①夸美纽斯：《大教学论》，傅任敢译，北京：教育科学出版，社1999年版，第二十六章第200—201页。

幸福的孩子！①

任何一种方法都是有局限的，夸美纽斯主张将温和与严厉的方法结合起来。其实，很多情况下，使用温和与情爱和使用严酷的办法，相比之下孩子们当然乐意接受前者。但是孩子们还不能够自律，常常比较任性，不能理解“不自律就没有自由”的道理，我们不能用讲道理的方式一直讲到他能理解的年龄，必须先“用严酷的办法使之畏惧和恭顺”，不理解也得先做到，渐渐地他才能被“捞进德行之网”。我们想用爱的办法“使之畏惧和恭顺”，结果却不行。不敢用“严酷的办法”，总是迁就和淡化，这只维持了一个暂时和表面的表现。看上去有一个良好的师生关系却不一定能培养出人才。我们不敢使用“严”的办法，因为会有碰撞，碰撞会产生火花，产生火花的结果会是怎样的？我们老是看中橡木的作用，因为它使用方便效果好，用不好铅块，因为它的作用不被人看好。

事实上，惩罚作为一种教育手段不应孤立地使用，必须与整个教育方法体系结合起来，尤其应该与说理、沟通、感化、激励等教育方法结合起来使用。未成年人犯错误后，教育者应该尽可能地进行说服、引导、感化，进行柔性教育，但有的未成年人经过多次柔性教育后仍不改正，反而有加剧的趋势时，就必须运用教育性惩罚的手段，以达到负强化的作用。除此之外，教育性惩罚还应与赏识教育相结合。事实上，“严酷”和“抬高”是和谐统一的。教育性惩罚如果运用得当，就会成为一种更高意义上的赏识。

凡事都要追随自然的领导，要去观察能力发展的次第，要使我们的方法依据这种顺序的原则。②

夸美纽斯反对旧学校的教学方法，他认为旧学校最大的弊病是违背自然，用无用的知识填满学生的头脑，造成学生学习时间和精力的极大浪费。他认为，要想改革旧教育，就必须贯彻适应自然的原则。根据夸美纽斯的论述，所谓“适应自然”包括两层涵义：(1)遵循自然界的秩序。他认为在自然界存在着一种起支

①夸美纽斯：《大教学论》，傅任敢译，北京：教育科学出版社，1999年版，第二十六章第202页。
②夸美纽斯：《大教学论》，傅任敢译，北京：教育科学出版社，1999年版，第二十七章第205页。

配作用的普遍法则,夸美纽斯称其为秩序。人是整个自然界的一部分,因此人的发展以及对人进行的教育应服从于这一普遍法则。(2)依据人的自然本性和身心发展的规律进行教育。夸美纽斯认为,人生而具有智慧、道德和信仰的种子,但这些种子的发展如何,取决于人所受的教育。教与学的行动应该是自然的、令人高兴和惬意的事。应该说,夸美纽斯用适应自然、合乎自然的秩序(顺序)来论证自己教育改革的主张有一定的合理性,反映了他力求摆脱神学,使教育工作科学化的良好愿望。尽管其中有些片面、机械,但他的这些真知灼见对我们当今的教育实践仍具有启发意义。

夸美纽斯认为,在宇宙万物和人的活动中存在着一种普遍的“秩序”,这一秩序是宇宙万物和谐发展的灵魂。学校改良的基础应当是一切事物里面的恰切的秩序。以自然适应性原则去类比教育,从而寻找其理论依据。依据人的自然本性和身心发展规律进行教育。在夸美纽斯看来,人是自然界的一部分,但人的发展又有其自身的法则。因而,要去观察能力发展的次第,使我们的方法依据这种顺序的原则。人类的自然本性应该成为安排教育工作的出发点。

各级学校自始至终都要按学生的年龄及其已有的知识循序渐进地进行教导。也就是说,教育不能脱离生活,要还原生活的本质。教育家杜威关于什么是教育,他的回答是:教育即生活;教育即生长;教育即经验的持续不断。

道德学(伦理学)的基础应当格外坚实地打好,因为对于受过良好教育的青年,我们希望德行的实践能够成为他们的第二天性。例如:

1.绝不应当过于塞满胃部,绝不取食多于止渴止饥所需的食物,这样去练习节制。

2.用膳和处置衣服、洋囡囡与玩具的时候应当练习清洁。

3.儿童应对他的长上表示尊敬。

4.对于命令与禁令的服从永远应当出于心愿,应当迅速。

5.对真理永远应当宗教般地遵守。虚伪与欺骗绝不可以容许，不论是玩笑，或是认真的（因为这种玩笑可以沦为严重的恶行）。

6.假如他们从不接触、拿取、收藏或隐匿任何别人的东西，假如他们不去打搅别人，不去妒忌别人，他们就能学会正直。

7.更加重要的是，他们应当练习仁爱，遇到有人被迫求助的时候，要乐于施舍。因为爱是基督徒的特有的美德。基督吩咐我们要行爱；现在这个世界一天天地变衰老，变冷酷了，我们在人们的心里燃上爱的火焰，这对教会方面是大有好处的。

8.还应该教导儿童自己不断地去找事做，不拘工作或游戏，使懒惰成为他们所不能忍受的。

9.应当教导他们，要少说话，到了嘴边上的话不要完全说出来，不仅如此，到了必要的时候，还要绝对保持沉默，这是指当别人正在说话的时候，当有显者在座的时候，当环境需要沉默的时候。

10.他们在婴儿期练习忍耐也是很重要的，因为忍耐对于他们的终生终世都有用处。这样一来，情欲在取得力量以前便可以压制下去，占上风的便是理性而不是冲动了。

11.谦恭与乐于帮助别人是青年人的一种很大的美德，不，简直是一切年岁的人的一种美德。这也应当在头六年去学，使我们的青年不要失去机会，不替他们所遇见的人们去效力。

12.我们也不可忽略用良好的礼仪教他们，使他们做事不要显得愚笨或粗俗。为了达到这个目标，他们应当学习文雅社会中的礼节，如怎样握手，要什么东西的时候怎样谦逊地去请求，致谢别人的恩惠的时候怎么屈膝和优雅地吻手之类。①

①夸美纽斯：《大教学论》，傅任敢译，北京：教育科学出版社，1999年版，第二十八章第209—210页。

这里给我最大的感受就是夸美纽斯不停留在说教的层面，而是主张道德的践行。道德并不是悬置于空中的东西，而是具体生活中的处理细节的方式和礼仪。从以上言论中，我们能看出夸美纽斯强调生活中的每一个细节，包括一些具体的生活情境，如上列举的，吃饭和处置衣服和玩具等。将道德的理念化为行为中点点滴滴的实践，让道德以看得见的方式可以模仿，可以重复，可以操作。这就是夸美纽斯所倡导的。

反观我们的德育教育，口头说教多于行为践行，理论法则多于具体操作，其结果只能培养出“半截子”的学生，学生很难在实际中履行。由此，夸美纽斯给我们的启示就是道德教育必须生活化、情境化，化为学生每日、每时、每刻的言行举止。只有如此，德育才能真正培植到学生身上，才能成为学生的第二天性。

我所建议的教育包括了合于一个人的一切事，是生到了这世上的一切人所应分享的。所以，在可能的范围以内，人人应在一道受到教育，使他们互相激励，互相敦促。

我们希望人人能在一切德行上受到训练，尤其是在谦逊、社交、谦恭等等德行上，所以，我们不必这么早就去造成阶级界限，或使一部分儿童有机会满足于自己的运气，而鄙视别人的命运。①

这里，我们能够感受到教育家夸美纽斯的人文情怀。他认为教育应该惠及每个人，人人应在一道受教育，因为这样大家可以相互激励、互相敦促。并且，他还希望每个人都能受到一切德行的训练。这在当时的年代，是很难得的。为了避免学生之间相互鄙视，他不赞成拉开差距，造成阶级限制。在当时的社会状态下，能够这样去想，是相当珍贵的。

仔细品读夸美纽斯的这些言论，对我们今天的教育具有重要的启发意义。广大教育工作者应牢固树立立德树人、育人为本、德育为先的理念，不断提高德育工作的针对性、实效性，引导学生树立正确的世界观、人生观、价值观，努力培

①夸美纽斯：《大教学论》，傅任敢译，北京：教育科学出版社，1999年版，第二十九章第213页。

养德智体美全面发展的社会主义建设者和接班人。

> 国语没有学会就去教一种外国语和孩子不会走路就教他骑马一样不合理。[①]

夸美纽斯的这句话，对我们的外语教学来说，具有重要的启发意义。

现在国际化的发展趋势，使英语凸显出来，无论是在中小学还是大学里，英语成了主科，相反，汉语却备受冷落。其结果是，学生将大部分时间花在英语上，而不肯多花时间在母语上，甚至有母语水平比英语差的怪现象。然而，很多人花了那么多时间去学英语，一到工作岗位上，又派不上用场，所以就渐渐荒废了。

"重外语轻母语"，迫使母语教学急功近利，采用了直接地、线性地、单角度地、理性地传授知识和机械地训练技能的做法，忽视了间接地、多维地、全方位地、非理性地培养学生的悟性、想象力思维和文化素养，从而严重地背离了自身的本质特点。

夸美纽斯提出，"国语没有学会就去教一种外国语和孩子不会走路就教他骑马一样不合理"，这对于我们过早地开设英语是不是一个警醒？在西方，第二外语只是选修，并不是必修。而我们，却一度掀起全民学英语的狂热。在功利化的导向下，英语教育也陷入怪圈：学习英语十几年，能实现无障碍交流的人不超过 5%。

但是，我们已经做出了行动：小学三年级前不开英语课。根据教育改革方案，北京高考英语科目分值将下调，并逐步向一年两次社会化考试过渡。2016 年起，英语由 150 分减为 100 分，听力分值比重由 20%增加到 30%。语文则由150 分升为 180 分。

让我们期待吧！

---

①夸美纽斯：《大教学论》，傅任敢译，北京：教育科学出版社，1999 年版，第二十九章第 214 页。

必须当心使这些书全部适应用书的儿童；因为儿童是喜欢新奇与幽默，厌恶迂腐与严肃的。所以，教导应当常与娱乐结合，使他们乐于学习日后对他们真正有用的正经事情，使他们的心性永远能被引导，按预期的方式去发展。①

读了夸美纽斯的这句话，让我联想起孔子的“知之者不如好之者，好之者不如乐之者。”学生学习、教师授业，都应该是件快乐的事情。对于学生而言，学习不应该成为一种负担；对于教师而言，教书应该成为一件愉快的事情，而不应该成为包袱。

现在教育界有一种奇怪的现象，就是无论是学生还是教师都感觉非常累。教师诉苦说学生难教，不学；学生抱怨教师讲课枯燥无味，没有兴趣。我们的教师应该充分调动学生学习的主动性，努力满足学生的心理需要，采取一切可能的方式去激发学生的求知欲，让学生在轻松、快乐的氛围中获得知识。

活字不是乱七八糟的，而是整洁地排列在匣子里，要用的时候随手就可以取用的。同样，我们的教本并不把它们的教材乱七八糟一股脑儿给学生，而把教材分成段落，指定一年学多少，一月学多少，一日学多少，一小时学多少。②

在夸美纽斯看来，教授学生的教本，不应该是一股脑给学生的，而应该是整齐的、分阶段的。应该按照年、月、日，甚至每个小时严格划分。这样才能让学生对学习内容有所预期，有所规划。

翻看我们现在的一些教材，并没有划分得如此细致，而是根据教师个人的安排进行，这样有助于教师个人的发挥。

一个能够动听地、清晰地教学的教师的声音应该像油一样侵入学生的

①夸美纽斯：《大教学论》，傅任敢译，北京：教育科学出版社，1999年版，第二十九章第216页。
②夸美纽斯：《大教学论》，傅任敢译，北京：教育科学出版社，1999年版，第三十二章第233页。

心灵，把知识一道带进去。[1]

古今中外，众多大教育家都非常重视提高自己的语言水平和修养，并形成自己独特的语言风格。如，孔子的教学语言艺术以“雅言”为正音，以“辞达”为目的，以“慎言”为特点，以启发性为追求，多使用语重心长的口头语言和概括性强、富于说服力的哲理思辨语言等语言形式。苏霍姆林斯基说：“教师的语言是一种什么也替代不了的影响学生心灵的工具。”

教育家马卡连轲说过：“同样的教学方法，因为语言不同，其效果就可能相差20倍。”足见，运用好教学语言是取得教学成功的重要条件。一个优秀的教师，一定有着较高的语言修养。因为教师语言直接影响着教学活动的效果和学生语言及思维等多方面能力的培养。

教育家苏霍姆林斯基这样说过：“教师的语言本质，在极大程度上决定着学生的课堂脑力劳动的效率。”“教师讲话带有审美色彩，这是一把最精致的钥匙。它不仅开发情绪的记忆，而且深入到大脑最隐蔽的角落。”

教师的课堂教学语言必须规范准确、运用技巧、体现和谐。

正如有的学者所言：“语言是教师进行教学的武器，也是组织学生注意的重要工具。”而据有关调查资料表明：教师运用单一语调教学，班级学习正确率在59.4%左右。而采用变换语调教学的班级，学生情绪高涨，注意力集中，反应灵敏，学习正确率高达98%。由上述可见，学生的学习同教师的言语声音状态有着显著的关系。愿我们每一位教师都能对此引起高度的重视，并力求以良好的言语声音去激活学生的注意力和创造性思维，去蕴造有利于学生积极情绪形成的谈话或授课气氛。通过利用言语声音状态的作用，于无形中收到事半功倍的教学效果。

①夸美纽斯：《大教学论》，傅任敢译，北京：教育科学出版社，1999年版，第三十二章第234页。

第四章

获取启示

捷克布拉格的夸美纽斯博物馆。这是复原的当时的教室，桌上还有夸美纽斯设计的直观教具、标本，是他的直观性教学原则的最好体现。

虽然夸美纽斯的很多教育观点已经落后于时代，但其中蕴含的教育智慧仍然闪烁着智慧的光芒，对我们今天的教育改革、教育实践仍具有重要的启示价值。

一、对当前我国幼儿教育的启示

夸美纽斯强调必须在幼年生活中的前几年，就奠定他们的每种良好德行的基础。因此，他十分重视幼儿的道德教育，因为儿童生下来不是要做一头小牛或一匹小驴，而是要成为一个有理性的人。我国幼儿园一直都非常重视对幼儿进行道德教育，重视幼儿良好品德的培养，但是仍然存在一些问题，如德育目标远离幼儿生活的年龄特征，忽视幼儿的感受；道德教育内容空泛，流于说教，幼儿难以执行；德育疗法不当，忽视幼儿的主体性，难以达到预期效果；教师自身素养欠缺，不足以成为幼儿模仿学习的良好榜样。为此，我们须借鉴夸美纽斯关于儿童道德教育思想。这对有效解决我国目前幼儿道德教育的问题具有指导意义。

1.及早对儿童施行道德教育

夸美纽斯认为，道德教育要从幼年开始，"必须在很早的阶段，当邪念还没有主宰思想时，就谆谆敏诲德行"，就像种地一样，"如果你不把优良的种子撒在地上，它便生不出粮食，只会生出最坏的杂草"。他希望打好道德教育的基础，使德行成为儿童的第二天性，要求儿童在幼小的时候就练习饮食节制、衣物清洁、尊敬长辈、信仰真理、待人正直、乐于施舍、谦恭助人、彬彬有礼。夸美纽斯将人的大脑和蜡相比，认为蜡在柔软的时候能够轻易地改变和塑造，变硬了就容易断裂，人也一样，在幼年时期十分易感和柔软，适合接收它所接触到的一切形象，因此，在幼年时期就应对儿童进行道德训练，使他们在德行上取得进步。

2.注重儿童基本美德的培养

在道德教育的内容方面，夸美纽斯注重儿童基本美德的培养，强调儿童学习有关德行的初步知识，包括：节制、整洁、礼节、尊敬长辈、诚实、不损害他人、不嫉妒、落落大方和爱劳动等基本美德。

(1)在节制方面:要求儿童应学习按照自然地需要吃、喝,了解一切不可过度的道理,学会节制。儿童必须锻炼耐性,这样他们就会明白不是自己所做的每一件事都会使别人满意,从小他们就应学习约束自己的愿望。这与我国的中庸之道不谋而合,不应因为儿童年龄小而纵容他,从小培养儿童理智的节制品质,这对儿童终身的发展都有至关重要的影响。

(2)在整洁和礼节方面:饮食衣服以及身体都需要保持清洁,儿童应习惯于端庄有节。同时应让儿童学习端庄,避免粗鲁或轻浮的行为或者不合适的外表。如此,儿童才能学会谨慎地、优雅地做事。儿童在这样的德行中学习初步知识,便会受到他人的尊重和称赞。

(3)关于尊敬长辈:儿童应该学着尊敬长辈们的行为、谈话和教诲,他们应当有礼貌并甘心乐意地服侍长辈。由此可能会产生亲切的举动,儿童可以借此学习对人做出友好的举动,如祝贺问安、和人握手、跪拜等,或者因接受他人小礼品而向人道谢等。应引导儿童学会待人亲切,使人高兴,如此他们的心将落落大方,既不吝啬又不嫉妒。此外,儿童应当学习谈话,但也应学习在需要的时候保持安静,默不作声,例如,在祈祷时或别人正在讲话的时候,以示尊重。

在我国,培养良好的品德、文明习惯和性格是幼儿道德教育的根本目的,道德品质教育甚至是思想意识教育构成了幼儿道德教育的基本内容。目前,幼儿道德教育内容跨越基础层面,直接对幼儿进行道德品质甚至是思想教育,犹如空中建阁一般,在一定程度上导致了幼儿道德教育的低效。夸美纽斯强调,儿童应该学习的道德品质中,节制和俭朴是最重要的,让孩子知道凡事不过分,执行起来容易,幼儿也易懂。因此,在我国对幼儿进行道德教育应将内容具体化,把道德教育做小做实。通过道德教育活动培养幼儿体验高尚的道德生活,养成正确的社会行为。鼓励儿童参与德育生活,就是要引导儿童以真实的态度来体验德育内容,而不是要求所有的儿童都必须达成同样的目标。让儿童在活动中表达真实的思想认识和情感,是教儿童学习做人的基础。

3.重视基本道德教育方法的合理利用

一直以来,在幼儿园一直所沿用的德育方法不外乎说服法、榜样法、行为练习法、奖励法。然而,由于社会的发展变化,使这些原来行之有效的德育方法大不如以前,满足不了变化多端的社会需要。夸美纽斯把榜样分为书本上的榜样和活生生的榜样，并且认为书本上的榜样远不如活生生的榜样影响深远。我国幼儿教师更重视对幼儿宣扬书本上的榜样行为,却往往忽视自身素养对幼儿所起到的示范作用。

(1)在幼儿园中,教师的每一个微小的细节言行都会给幼儿带来难以预料的影响,幼儿会在无形之中受到教师的影响,并会不自觉地模仿教师。因此,教师应为幼儿营造融洽、文明、和谐的同事关系和班级氛围,以身示范,为幼儿真正树立良好榜样起表率作用。在教育中,教师应将爱学生与严格要求学生很好地结合起来,教师必须一方面用严格的办法使学生畏惧,一方面用温和与情爱的办法去鼓励他们。

(2)通过讲故事触动儿童的心灵。教师关于自己的工作、自己的童年、自己旅游、自己敬爱的作家和崇拜的英雄的故事,对儿童的心灵具有强大的鼓动力,教师要充分考虑到自身榜样对学生的影响,并用作教育和说服学生的一种手段,灵活自如地加以利用。

(3)教师要采用适当的教育方法。只有方法运用得当,才能达到事半功倍的效果。德育的关键在于激发幼儿自身的学习动力和欲望,让幼儿主动学习和掌握“德”,不论使用哪一种方法,都应立足于尊重并凸显幼儿的主体地位。从道德上讲,任何德育原则都要求社会本身尊重个人的自律和自由。一般来说,道德要求社会公正地对待个人,并且不要忘记,道德的产生是有助于个人很好地生活,而不是对个人进行不必要的干预。

二、对当前我国中小学教育的启示

夸美纽斯提出的自然教育、普及教育等教育思想,不仅在当时具有超前性,而且在当下仍具有普适性,对于当前我国中小学教育教学改革具有重要的启发意义。

1.中小学教育要注重学生良好习惯的养成

中小学生正处在世界观、人生观、价值观、审美观逐步形成的初级阶段,特别需要正确的教育和引导,尤其是良好习惯的养成教育。近几年,随着素质教育的不断发展,培养中小学生的健康人格越来越受到人们的重视。而培养学生的人格需要从培养良好的习惯入手。学校是学生教育的主阵地,因此,学校应鼓励并提倡学生进行自我教育,通过树立榜样,创设条件,让学生在实践中懂得,人要做自己行为习惯的主人而不要变成奴隶。同时,学校教育要注重日常生活细节,及时运用表扬与批评、肯定与否定等集体舆论手段,并与家庭教育达成共识,让学生真正"从我做起,从小事做起",逐渐养成良好的道德行为习惯。

2.应注意培养正确的纪律观念

夸美纽斯倡导自然教育,他指出"改良学校的基础应当是万物的严谨秩序""教导的严谨秩序应当以自然为借鉴并且必须是不受任何阻碍的"。同时,夸美纽斯还格外强调纪律的作用。他认为,纪律是学校教育的发动机,可以使人通过有序的教育成为一个虔信的人。同时他又指出,对孩子进行教育的时候"不用鞭笞,无须严酷或强迫,它可以实施得尽量温和轻快,尽量自然",多用表扬、刺激的方法,遵循孩子身心发展的规律进行教育。

纪律是为了培植和形成学生对规则的认同感,培养规则意识,形成良好的行为规范。同时,纪律也是为了培植和形成学生对集体的归属感。更为重要的是,纪律是为了使课堂变成安全、有序的场所。教学必须有令人舒畅的课堂环境,纪律是课堂环境的支持性、保证性因素,有利于造就良好的课堂,保证教学任务的顺利完成,提高教学的效率和质量。由此看来,纪律是永恒的,无论是过去、现在还是未来都应有纪律存在,都要关注纪律、建设良好的纪律。新课程所追求的课堂教学同样如此。如果说新课堂只讲学生的解放而不求对学生的规范, 只讲自由、轻松而不求严格遵纪,那是对课程改革的误解。课堂应当在解放与规范、自由与严格中求得平衡,这种平衡在一定程度上体现在课堂新纪律、新秩序上。其实,建立新的课堂纪律是课程改革的应有之义和重要目标。任何避讳课堂纪律甚至取消纪律的看法和做法都是浅薄和有害的。

3.应尊重每一位学生,促进其全面发展

夸美纽斯认为,无论天性愚笨还是聪明伶俐的人都应该接受教育。"愚蠢的人需要受教导,好使他们摆脱本性中的愚蠢""聪明的人更需要教育,因为一个活泼的心理如果不去从事有用的事情,它便会去从事无用的、稀奇的、有害的事情”。只有通过教育使每一个人都成为一个真正的人，才可以实现“社会因此可以减少黑暗、烦恼、倾轧，增加光明、整饬、和平与宁静”的教育目的。由此我们可以看到，夸美纽斯对每一个人的尊重和信任。我们的教师应该树立这种理念，充分尊重每一位学生。如果教师不尊重学生，就会给学生心理造成创伤；而教师尊重学生，则有助于和谐人际关系的形成，有助于团结友爱班风的形成，有助于学生的健康成长。教师要能脱离个人成见，站在学生角度，多为学生着想，将学生看成有思想、有个性的人。所以，教师要理解学生的意愿和要求，尊重学生的个性。每一个学生都有他值得尊重的独特之处，教师不能只盯住他的缺点，而应从整体上了解他，发现他的特长和发展的可能性，客观地看待他的优点和缺点，这样才能以尊重的态度引导他健康成长。在尊重的基础上，还要平等对待学生，严格要求学生。同时，对学生的缺点和错误要做到理解、包容，但如果是他们能改正的地方也要坚决要求他们改正。在尊重学生个性的同时，要在他们发展的可能性上做出严格的要求，只有这样，才能帮助学生克服懒惰、散漫，使其养成良好的习惯。根据马斯洛的需要层次理论，如果教师满足了学生自尊的需要，有助于激发学生的自信心，产生积极向上的力量；否则，学生就会产生自卑、无能的感觉，就有可能自暴自弃。可见，认真阅读夸美纽斯的理论，对于我们当下的中小学教育改革来讲，可以得到一些重要启示。

三、对当前我国语文教育的启示

夸美纽斯在《大教学论》中提出了一些教育教学的思想和观点，并设专章探讨“语文教学法”，这对当代语文教学实践仍具有积极的价值和启示。

1.语文教育要培养有见识、能表达的“人”

夸美纽斯认为，语文教育的最高目标是培养有见识、能表达的“人”。从教育的本质和目标看，我们教育的最终目的就在于培育人的创造力。而人具有探索知识的天性，具有认识事物的能力。人生应该追求学问、德行与虔信。学问“包括一切事物、艺术和语文的知识”。德行“不仅包括外表的礼仪，它还是我们的内外动作的整个倾向”。从语文的本质来看，语文是以其符号化的方式来向人们展示世界的隐秘。具体到语文学科来说，人的认知状况既是语文表达的内容，也是语文表达的动力。语言文字绝不是可以杂乱堆砌的,它的内在秩序其实就是被人认知了的事物的内部结构及事物之间的有意义的联系。建立在学问、德行与虔信三大支柱之上的语文才是真正具有强大生命力的语文。

可见,语文教育是与人的本质联系在一起的,这两者应该是有机统一的,互相包含、融合一体的。这对我们的语文教育的启示就在于,语文教学不仅仅是识字、阅读和理解等基本能力的训练,更是培养有见识、能表达的“人”。

2.语文教育要“从小心地选择材料开始”

夸美纽斯主张语文教育要“从小心地选择材料开始”。选择合适的材料对于学生来说很重要。首先,选择的材料应当适合学习者的心理特征。“学生不应当受到不适合他们的年龄、理解力与现状的材料的过分压迫,否则他们便会在和影子搏斗上耗掉他们的时间。”其次,选择材料应该围绕学生身边的具体事物,不应凭空乱造。假如一个孩子要想学习语言,他用来做练习的范例应涉及他身边的事物,涉及他的书籍,涉及他的衣着,涉及树木、建筑和学校。总之,在语文教育中,应选择合适的材料,选择学生身边可见到的、真实的材料。因为语言不会凭空产生,语文也不能无所依傍地凭空运转。为学生选择有趣的、有用的、合适的材料是语文教育的第一步。

夸美纽斯特别重视并反复强调认识事物对语文学习的重要性。他说:“语文的学习,尤其是在青年时代,应当和事物的学习联系起来,使我们对于客观世界的认识和对语文的认识,即我们对事实的知识和我们表达事实的能力得以同步前进。”“学生首先应当学会理解事物,然后再去记忆它们,在这两点经过训练之前,不可强调言语与笔墨的运用。”夸美纽斯之所以如此强调认识事物的重要性,是因为他认为对事物的认识是语文表达的内容,语言的运用只不过是一种形式;离开了内容,形式将不复存在。而且学生在认识事物的过程中可以提高智力,变得聪慧、敏锐。

所以,识字应当和认识事物结合起来。“文字应当永远和事物一道教授,一道学习,就像酒永远同盛酒的桶一道买进或卖出,剑同剑鞘在一道,树同树皮在一道，果实同果皮在一道一样。”“学习文字不应该离开它们所代表的事物，因为事物不是分别存在的，没有文字是不能够懂得的，它们是两者并存，一同履行它们的功用。”

“新学一种语言的时候，最初的练习必须从业已熟悉的题材人手”，夸美纽斯认为，如果心灵同时注意文字和事物，就会导致分心。他建议通过熟悉的教材使学生容易地、迅速地精通文字。孩子们的智力和语文应当在吸引他们的材料上得到练习。夸美纽斯强调，语言的教学要从“熟悉的”“吸引人的”的题材或材料入手，其实质就是强调语文教学的情境性。“情境性”是指有效的语文教学应始终围绕一定的“问题情境”展开。如教师创设一个能够激励学生学习兴趣、启迪学生思维智慧的学习情境，引导学生去产生疑问、发现问题，正是开展有效的语文教学的核心和关键。此所谓语文教学的“情境范式”，即强调在语文教师不提供答案式内容的前提下，学生在非常具体的学习问题情境中，像教师或专家一样研究问题、解决问题。

教师通过创设具体的“知识问题情境”，让学生在情境中展开探究学习，并形成学生与教师、学生与文本、学生与学生以及学生与自我的多重对话，从而达到学习主体的能力和素养的提升，并促进学习主体个性的良好发展。例如，一位高三语文教师在讲授标点符号“顿号”的使用规则时，不是直接教授“顿号”的使用规则，而是首先为学生设置一个“知识问题情境”。她引入了两个例子：“他们还都是七(　)八岁的小孩子。日本有的大学二(　)三年级都开有语法课。”请同学们填空并说出原因。老师与学生共同在“知识问题情境”下进行探究，在同学们充分地思考和老师的启发下，步步深入地揭示出“概数之间不用标点符号，而确数之间用顿号”的使用规则。可谓是“不愤不启，不悱不发”，使学生豁然开朗。

课后这位教师谈到，以往她通常是先为学生讲授知识和规则，再让学生练习；而后来她坚持改从“问题”入手，首先使学生置身于学习情境中，使学生主动发现问题、探究问题、解决问题。前者实质上是将学生看作“容器”，其教学是往“容器”中填充“知识”的被动填鸭式的过程；后者是把学生看作知识的探究者，整个教学过程是“主客一体”的探究发现，在对话情境中实现学习主体的语文素养和能力的提升，且教学效果明显。

3.语文是体验、理解和应用的过程,要通过实践去学

夸美纽斯对语文教育过程提出了不少卓越的主张,比较重要的是他对教育过程三阶段的描述,即体验、理解和运用。

夸美纽斯强调感官,其实就是重视体验。体验是人获取知识、产生情感、形成思想的门户。夸美纽斯说:“一切知识都是从感官的知觉开始的”“存在心里面的事情没有不先存在感觉里面的,所以心智所用的一切思维材料全是从感觉得来的”“感官可以比作密使与间谍,灵魂得了它们的帮助就可以支配身外的万物”“任何知识都不应该根据书本去教,而应该指证给感官和心智,得到实际指征”。所以,语文教育必须调动起学生的全部感官,用眼睛观察,用耳朵倾听,用舌头品尝,用鼻子嗅,用手触摸,用整个肉身来感受、来体验,这样,事物便和生命融为一体了。就是那一行行的文字也都成了鼻息撩人、光彩闪烁、温情流动的有生命的存在。文字以及事物通过学生的体验,经由联想,才可以进入人的灵魂并在灵魂里面升腾飞翔。如果关闭了体验之窗,文字、事物便成了与人心隔绝的东西,语文教育的通道也就被截断了。

理解是体验的深化,是从感性走向理性的关键环节。夸美纽斯坚决反对扼杀学生主体性的死记硬背,他讽刺当时的旧式学校,说:“学校确是教我们用自己的眼睛去看,用别人的脑筋去希望自己变聪明的。”语文教育不仅要鼓励、引导学生用他们自己的眼睛去看,用自己的耳朵去听,用自己的肉体去感受,更要鼓励、引导学生用自己的脑筋去想,进而得出自己的结论。这样才能使自己成为一个不糊涂的人。人一旦不糊涂了,说话、写文章才可能明白起来。所以,夸美纽斯主张:“人类这个理性的动物不要由别人的心智去领导,要由他自己的心智去领导。”他希望学生“不单只阅读别人的见解,把握它们的意义,或把它们记在记忆里面,再把它们背诵出来而已”,还要“亲自探求万事的根源,获得一种真能了解、真能利用所学的事物的习惯”。只有弄清了事物的根源,形成了自己的真知灼见,语文学习才具有了生命,拥有了灵魂。

运用是一切教育的最终目的。运用就要把知识转化成自己所理解了的东西,运用总是在和实际接触过程中实现。运用的过程也是真正学习的过程。夸美纽斯指出,一切语言“通过实践去学”比通过规则去学来得容易,这是指的听、读、

重读、抄写，用手、用舌头去模仿，在可能的范围以内，尽量时时这样去做。他认为，一切语言都可以用这个方法去学。语文能力是在语文运用的过程中形成的。夸美纽斯深刻揭示了语文教育的实践性的特征，他说："一切语言通过实践去学比通过规则去学来得容易。"

"语文课"本质上就是"言语课"，其中"言语作品"是教学内容的主体，"言语活动"是教学活动的主要形式等。因此，学习母语的最好方法是"被语言说"，通过听、读、说、写等言语实践活动，提升学习主体的语文素养和能力，这是动态的言语范畴，而非静态的作为抽象分析的语言范畴。换言之，离开了言语实践活动的语文教育是背离语文课程的基本特征和规律的。因此，在语文教学实践中，我们尤其应当强调"听、读、重读、抄写"等(也即现代语文教育的听、读、说、写)，用夸美纽斯的建议来讲，还要在可能的范围内尽量时时这样去做。也就是，语文课程的性质应当姓"语"。言语性是语文课程区别于其他课程最为显著的特性。

2011 年新修订的《义务教育语文课程标准》中指出："语文课程是实践性课程，应着重培养学生的语文实践能力，而培养这种能力的主要途径也应是语文实践。"因而，"应该让学生多读多写，日积月累，在大量的语文实践中体会、把握运用语文的规律"。新颁布的"课标"对"课程性质"做了这样的表述：语文课程是一门学习语言文字运用的综合性、实践性课程。这里明确将"实践性"作为语文课程的本质属性写进"课标"。

从传统角度来看，古人讲求"背诵"，朱熹认为，"人读史书，节目处须背得，始行"。通过背诵才能够真正掌握语言的表达形式和所指的内容，内化为学习主体的语文素养和能力，进而在实践中举一反三。因此，有人讲学习语言的"坦途"乃是背诵，是有其科学道理的。此外，近代语文教育家叶圣陶等强调作文教学时教师要"下水"，即要通过教师的言语实践去指导学生的写作，而不是教师用抽象的教学理论或写作规则去指导学生写作，也是出于同样的道理。

夸美纽斯同时也指出"规则可以帮助并强化从实践得来的知识"。但语文学习方面正确的次序不应被颠倒：言语的原料在先，文法在后。因此，语文教学中理应"言语实践"在先，"规则理论"在后，否则将本末倒置，"举百不能返一"，只学习语言或语文知识和规则却不会“下水”的状况，应不在少数。因此，“通过实践去学”是由语文教学的“言语性”的特性所决定的。

四、对当前我国数学教育的启示

《大教学论》提出的很多教学原则和方法对今天的数学教育具有重要的启示。如数学教学中例证应比规则先出现、学习数学应先理解后记忆、中学数学教学应联系学生的生活实际并重视直观教学，这些对现在的数学教育仍有借鉴价值。

1.数学教学应注重学生求知欲的激发

夸美纽斯主张“在向学生传授知识之前必须先使他们渴于求得知识，能够接受教导，准备接受一种多方面的教育”。他认为，不能强迫学生去学习，就如当一个人没有食欲，却又被迫去吃东西一样，结果只能是疾病与呕吐，至少也是消化不良。教师“应该用一切可能的方式把孩子们的求知与求学的欲望激发起来。教导的方法应该减轻学生的苦楚，使学生在功课上不受到任何阻碍或耽误他们的进步”。求知的欲望是学习的基础，因此应当彻底在学生身上激发起来，学科的一般观念应当彻底印入学生的脑际。教师在教学生知识以前必须先激发他们对知识渴求的欲望，在给出公式、定理之前就一定要讲清公式、定理产生的背景，从学生的生活实际出发，而且要尽量运用生动、有趣的语言，使学生产生学习相关知识的兴趣和欲望。

2.数学教学中例证应比规则先出现

自然适应原则是夸美纽斯教学原则的核心，类似自然界的各种现象和其他行业的各种做法，在教学中教和学的东西也同样应该按事物出现的先后次序，而不可颠倒次序。数学知识是来自于生活和生产的，是从生活经验中总结得来的，所以我们不能教给学生数学知识后，再用生活中的例子去验证它们，而应该从生活或生产中的例子开始，引出所需学习的数学知识。这不仅遵循了知识产生的规律，而且让学生知道知识不是凭空产生的，便于学生的理解和记忆。我们的应用题教学便犯了这种错误，学习了很多运算规则后再专门学习知识的应用。

很多学生认为应用题是最难的题型，爱做算式题，这就是由于我们没有从应用题开始引出知识。而现在所倡导的“情境”教学法即是要求给学生讲清楚数学知识的来龙去脉，由实际例子引出数学知识，这是符合夸美纽斯的自然适应原则的。

3.数学教学应联系学生的生活实际并重视直观教学

“假如教师教授任何事情的时候，同时把它在日常生活中的用途告诉学生，学生的工作就会来得轻松些。”夸美纽斯还主张：“凡是所教的都应该当做能在日常生活中应用并有一定用途的去教。”这就是说，“学生应当懂得，他所学的东西不是从某种乌托邦取来的，也不是从柏拉图式的观念借来的，而是我们身边的事实之一，他们应当懂得适当地熟识它对生活是大有用处的。”现在新课程提倡的重要理念之一便是“人人学有价值的数学”，就是要精选数学教学内容，让学生学习有现实价值的数学，少学价值不大的数学，不学无价值的数学。

数学知识虽然是抽象的，但我们应尽量找到方法使抽象的知识具体化，特别是对低年级的学生，更应该用直观的形式把它表示给他们看，这样既易于学生理解、记忆。一位教师在教学生“什么是圆”时说：“到定点的距离等于定长的点的轨迹就是圆。”而且还解释了什么是“定点”“距离”“定长”，什么是“轨迹”，学生越听越不明白，后来教师在黑板上画了一个圆，学生恍然大悟地说：“哦，原来就是圆圈啊！”这就说明直观的重要性能解释很多都解释不清的概念，用一个图就说得清清楚楚了，何乐而不为！

五、对当前我国小学英语教育的启示

夸美纽斯指出：“不是所有的语文都应当学习，因为这是不可能的。也不应学习很多种语文。”夸美纽斯这里所说的“语文”即语言。他认为：“只有必需的语文才应当学习。所谓必需的语文是，本族语是在本国用的，周边国家的语文是为了与邻国打交道时用的。”同时强调：“并不是所有这些语文都要完全学会，而是只学到所需要的为止。”并且，不需要像说母语那样流利地说外语，学到能读懂并会用这些文字写成的书籍就已足够了。综上可知，他认为语言教学的目标不在于让学生掌握并精通很多种语言，而是在精通母语的基础上，掌握能够为其个人生存与社会发展相适应的外语。这对于我们现在开设的英语教学有诸多启示意义。

1.开设外语,应坚持母语先行原则

根据夸美纽斯语言教学观,第二语言的学习是以掌握一定程度的母语为基础。在第二语言的学习过程中,不能忽视母语对其掌握的影响。坚持母语先行,在小学生掌握一定程度的母语的基础上, 开设英语课程有利于小学生英语学习自信心的建立,从而提升英语学习兴趣,培养英语学习的动机,为学生终身学习语言奠定基础。因而,小学英语课程开设起始年级不宜过早,以免增添小学生学习任务的难度。

2.注重汉语与英语之间的差异性

夸美纽斯的语言教学观中,关注到母语对第二语言的负面影响,主张在教学过程中强调其差异性。小学阶段,母语的学习也处于启蒙阶段,同时也是其语言学习能力快速发展的时期,在小学英语教学过程中,母语的学习对英语学习也存在一定负面的影响。在小学英语课堂上,可以明显地观察到,在英语字母的学习过程中,英语字母的认读极易与汉语拼音发生混淆,或者会出现某些英语单词的发音与汉语相近的现象。这种情况下,教师一定要注意强调汉语与英语的差异性。一方面,防止发生混淆,另一方面,也将正确的知识点在学生的记忆里加以强化。对于差异性的关注可以消除母语对第二语言学习的负面影响,减轻学生学习第二语言的负担。

3.创设情境,充分调动学生学习英语的主动性

夸美纽斯认为,语言教学应当与实际生活中的事物相结合,提倡直观性的教学法,同时强调在语言学习过程中学生主动练习的重要性。所谓直观性,就是创设情境。创设情境就是教师根据所学习的内容,在课堂教学中创设相关的学习场景,让学生在操练发音与对话的过程中,深刻理解其内涵并运用到实际生活中去。在情境教学中合理地利用实物、图片、道具、简笔画等教具模拟情境。例如,在学习“what′s your name? ”这一课时,可以制作带在胸前的人名卡或者名片,让学生扮演课文中的角色进行表演。在进行情境学习的过程中,要注意尽量让每一个学生都能参与其中,多给学生表现的机会,充分调动学生学习的主动性,并经常

用鼓励的话语激励他们。学生在学习中经常得到教师的鼓励与肯定，那么其自尊心和自信心就会增强，学习英语的主动性也会随之增强。创设情境可以使不同学习水平的学生都参与到学习过程中，让英语学习水平相对较好的学生感受到课堂学习的生动有趣，让英语学习水平相对一般的学生也感受到自己的进步，从而逐步培养其学习语言的兴趣。

4.结合小学生的认知发展水平，适度调整教学内容的难度

由于小学英语课程开设起始年级的提前，一些原本在初中阶段才让学生接触的知识结构开始下移至小学阶段，小学英语教材的内容难度也随之加大。但我们不能因此而不顾小学生的认知发展水平，只为了完成教学任务而教学。小学英语教师应当在教学实践活动过程中，本着培养其英语学习的兴趣及终身学习语言的动机的目的，合理、适度地调整教学内容。

总之，在小学英语教学中应当坚持母语先行，注重母语与英语的差异性，调动学生的主动性，合理解读教材，适度调整教学内容难度。

六、对当前我国中小学道德教育的启示

夸美纽斯的德育思想有着非常丰富的内容，对我国现今的小学生道德教育具有一定的启示意义和借鉴作用。

1.要尽早对儿童进行道德教育

夸美纽斯认为："必须在很早的阶段，当邪念还没有主宰思想时，就谆谆教诲德行。"也就是说，儿童在年幼时受到良好的训练是非常重要的，及早对儿童进行正面道德教育有利于儿童形成良好的道德品质。道德教育要尽早进行。夸美纽斯认为"德育应当尽早进行，应该在邪恶尚未占住心灵之前，早早就教"。为此，家长和幼儿园教师要重视儿童早期的道德教育，在行为上提出具体形象、可操作的要求，并进行行为方式的训练，使其养成良好的行为方式。

在小学的德育教学中，存在着教师按部就班地讲，学生被动听的现象，教学

效果大打折扣。小学阶段是学生身心发展的关键期，对学生进行适时有效的德育，有利于儿童形成良好的道德品质。所以，教师和家长要正确认识对儿童进行早期道德教育的重要性，开展针对性研究，使这项工作真正落到实处。

2.要通过实践来养成德行

夸美纽斯非常强调实践的作用，他说，“德行是在经常做正当的事情中学到的”“如果孩子总是忙于一些事情，不论是做功课也好，做游戏也好，他就能学会忍劳耐苦”。儿童可以在行动中学会行动，在走路时学会走路，在服从中学会服从，在节制中学会节制，在坚定中学会坚定。要让儿童在实践中学习德行，不要只学习空洞的理论，让儿童锻炼动脑和动手的能力，给儿童布置一定的作业，让儿童积极参加课外活动，引导他们参加一些有益的劳动，培养他们吃苦耐劳的习惯，让儿童懂得劳动也是一种美德。同时由于儿童年龄小，使儿童在接受锻炼的同时，也不要给儿童过重的压力。

我国传统的小学德育模式忽视了学生的主体性，学习与实践相差太远，导致理论与实践相脱离。夸美纽斯强调的实践思想非常值得我们深思。教师和家长应重视培养儿童的动手能力，学校应合理开设德育实践课程，例如：模拟活动课、社会实践课等，让小学生在实践中养成良好的德行。

实践是情感形成和转变的基础，也是促使情感发展的动力。所以情感教育要从实践开始，在实践中，以行育情，越实践，儿童的情感就越深；反之，情感越深，就越愿意实践，从而形成自觉的行为。

3.为儿童树立良好的榜样

夸美纽斯认为，榜样的作用是巨大的，活生生的榜样比起书本中的榜样给儿童的印象更为深刻，教儿童再多的道德知识，不如榜样对儿童的行为影响大，而教师和父母在儿童的道德品质形成过程中起主导作用，他说：“在儿童面前为他们提供一个永久的、优良的范例，是极为必要的。”“如果父母是家中纪律的高尚的、细心的监护人，如果家庭教师是精心挑选的，而且是品德出类拔萃的人，就会成为正确培养年轻人的道德的重要促进力量。”所以，教师和父母首先应该具有良好的道德品质，否则，儿童的良好道德品质很难养成。当然，除了教师和父母,同学和朋友对儿童道德的影响也是不可忽视的。夸美纽斯也很重视环境对儿童的影响,提倡为学生创造良好的德育情境,他要求儿童避免不良的社交、不道德的谈话和看无益的书籍等。儿童在真实的贴近生活的德育情境中,既能拓宽个人既得经验,又能超越已有观念,习得新的道德认识。好的德育情境可以激起儿童深深的情感体验。

榜样是一把双刃剑,好的榜样可以提升儿童的道德品质,坏的榜样可以腐蚀儿童的心灵。因此,强调榜样的力量更是非常必要的。教师和家长应如何为小学生树立良好的榜样是一个严肃的考验,这不仅是一个理论问题,而且是一个重要的现实问题。

4.制定明确的行为规则和严格的纪律

夸美纽斯不仅强调榜样的作用,还主张应制定明确的行为规则和严格的纪律,并认为应给予一定的惩罚,适度的惩罚是必要的。没有纪律,就没有秩序;没有秩序,一切都无从谈起。他引用波西米亚的一则谚语做了形象的比喻:“没有纪律的学校犹如没有水的水磨坊”,没有水,水磨就会停止转动,学校没有纪律就会失去原动力。而执行纪律应抱有坦然和真诚的目的,让学生认识到采取的行为是为了他们好,让学生把惩罚看作医生开的苦药。同时,要执行严肃的纪律,不应与功课和作业联系起来,而且只有道德问题发生严重情况时才可以执行严格的纪律。如果能用温和的办法解决问题,就不要用粗暴的手段。

我国正在大力推行素质教育,强调师生之间的平等关系,禁止体罚和责骂学生,如《中华人民共和国未成年人保护法》第二十一条明文规定:学校、幼儿园的教职员应当尊重未成年人的人格尊严,不得对未成年学生和儿童实施体罚、变相体罚或者其他侮辱人格尊严的行为。同样《中华人民共和国教育法》第二十九条也明文规定:教师应当尊重学生的人格,不得歧视学生,不得对学生实施体罚、变相体罚或者其他侮辱人格尊严的行为,不得侵犯学生的合法权益。《中华人民共和国教师法》第三十七条也有相应的规定。这有利于促进学生身心的健康发展。但这并不是说不需要明确的行为规则和严格的纪律,惩罚也具有教育性,例如在中国古代教育中“当头棒喝”对人的警醒教育作用曾经得到特别强调。教育学家马卡连柯指出:“合理的惩罚制度不仅是合法的,而且是必要的。这种合理的惩罚制度有助于形成学生的坚强性格,能培养学生的责任感,能锻炼学生的意志和人的尊严感,能培养学生抵抗引诱和战胜引诱的能力。"就如奖励并不必然构成教育的方法一样,惩罚也并不必然与教育无缘。关键是教师在执行过程中要把握合理的度,对学生既不能放任自流,也不能有偏激的做法,在亲和的气氛中执行纪律。夸美纽斯关于纪律的思想虽有偏激之处,但也有借鉴意义,即在严格要求中培养儿童的品德。

德育是一切教育之首。人的正确思想和行为不是先天就有的,而是靠后天的教育养成的。夸美纽斯道德教育内容与方法对我们当今德育具有重要的指导意义。这就要求我们要注意加强儿童道德的早期教育,加强儿童行为训练,在活动中让儿童学会留心观察周围世界,乐于助人;学会留心观察自身,努力认识自己的内心世界,使自己逐渐成长为道德成熟的人。

七、对我国教育教学改革的启示

夸美纽斯的教育思想对于我国的整体教育改革也具有很重要的启发意义。具体如下:

1.重视教育公平,实现教育资源均衡

夸美纽斯提倡普及教育。他指出,不论富贵贫贱,孩子们都应该进学校。不仅有钱有势的人的子女应该进入学校,城镇乡村的孩子也应该进学校,并且女子也可以进入学校学习。当下中国要继续实施和扩大义务教育的普及范围,并使义务教育惠及特殊学校,健全终身教育体制。

2.要重视幼儿教育

夸美纽斯注重对儿童幼儿期的教育。他主张建立母育学校,对儿童进行系统的教育。母育学校是针对婴儿期(0~6岁)的孩子在家庭中设立的学校,此阶段的儿童要涉猎各学科的知识,养成忍耐、谦逊、乐于助人及虔信等品质。为了更好地践行母育学校的思想,他写成了《母育学校指南》,书中提出了儿童应该学习的各科知识、学习最佳时机及教导的原则与方法，希望以此指导保姆和父母对其幼儿实施教育。另外，他还写成了《世界图解》一书，此书是西方教育史上第一本附有插图的、对儿童进行启蒙教育的小百科全书。

幼儿教育是小学教育的准备，因此，要力图使孩子在幼儿园得到更多的欢乐，消除对学校的恐惧与焦虑，同时激发孩子的学习兴趣，培养孩子对教师和伙伴的信任感，充分使孩子适应学校生活，这样才能为孩子接受高一级的教育做好充分的铺垫。由夸美纽斯提出的母育学校思想可以看出，儿童的培养是需要家长和教师的共同努力，所以，家长也要配合教师，实现对儿童的共同培养。

3.要遵循教育和儿童发展规律

夸美纽斯认为，教育要依据人的自然本性和年龄特征，因为人是自然界的一部分。他主张，无论是教学改革、教学原则、教学方法还是教学内容都要从大自然中去获得，都要遵循自然的原则。他的一系列教育原则以及一切教育工作都遵循自然的主张，都是以“教育适应自然”原则为核心的。他认为，教育适应自然原则就是研究自然规律并按照自然规律办教育。夸美纽斯指出：教育适应自然，就是“让一切自由运行，永远消除强制”。而运用规律不仅是为了服从自然，更是为了改造自然。他要求学校成为培养人的场所，要担负起全民的教育任务。他主张，教学工作要适应儿童年龄特征和个别差异的规律，课堂教学要尽量少强迫学生去记忆。他认为，“学校改良的基础应当是一切事物里的恰切的秩序”。

以上夸美纽斯给我们的教育改革的启示就是要尊重教育发展的规律和儿童成长的规律。

4.要注重儿童全面发展

夸美纽斯主张教育对象的普及化，不论男女、愚笨、聪慧、贫穷、富裕、有权利或地位低下，都应当接受合适的教育。目前，国际上存在着“全纳教育”的号召。夸美纽斯的“泛智”给我国实践“全纳教育”理念提供了一种借鉴模式。全纳教育要求容纳所有学生，反对歧视排斥现象，在教育过程中应当促进学生积极参与、合作，满足不同学生的不同需求，是一种无排斥、无歧视、无分类的教育理念。全纳教育主张民主平等，同时注重个性的多样化发展，这与目前我国所提倡的素质教育不谋而合。因此，我们应当借鉴夸美纽斯泛智教育思想的闪光点，深刻把握全纳教育观念的内涵，凸显其现代价值，从而为我国教育教学的改革与发展提供正确导向，培养出德智体美劳全面发展的社会新型人才。

5.要重视培养儿童全面的素质

素质教育是以全面提高人的基本素质为根本目的，以尊重人的主体性和主动精神，注重开发人的智慧潜能，注重形成人的健全个性为根本特征的教育。通过素质教育，使教育转变为愉快、成功、生动、主动的发展人的有效手段。夸美纽斯主张尊重人，注重人的个性化、多样化、自由的发展，最终“使男女青年，毫无例外地，全都迅速地、愉快地、彻底地懂得科学，纯于德行，习于虔敬，这样去学会现世和来生所需的一切事项”。尽管夸美纽斯的这一终极教育目的是以基督教的信仰为背景，渗透有宗教色彩，但其迅速、愉快、彻底地懂得科学的过程，对于我国建设素质教育机制依然具有深刻的启迪意义。

八、对教师学生观建构的启示

在当今这个追求人性解放和个性自由、追求人的价值最大化实现的时代，夸美纽斯的人性思想为我们在教育过程中建构科学学生观提供了很好的借鉴和启迪。

1.必须坚持“以生为本”

在教育过程中坚持以人为本，意味着让每个学生都享有作为人的权利；充分尊重学生，真正把学生当成具有主体性、能动性和创造性的人来看；对任何学生的权利都给予合理的尊重；对学生之外的任何事物都注入人性化的精神和理念；坚持一切教育行为都以学生的健康全面成长为出发点和目的；树立“教育本身不是目的，人的充分发展才是目的，教育应当是促进个体发展的手段”的思想。

在教育过程中树立“以人为本”的理念是一件说起来容易做起来难的事情。教育对于个体、社会、国家的“有用性”取代了“善”的价值理想，成为各级各类教育机构遵循的首要原则。教育的终极目的很少能够寻到，人们（教育者和受教育者)期望从教育中寻找的是职业、地位和竞争能力一类“标”的东西,而不是良好的人格,科学的人生观、世界观和价值观以及健全的生活方式。为了达到急功近利的目的,教育手段的道德性和过程的自主性都没有得到应有的关注。“灌输”“诱惑”“标准化”“恐吓”“责骂”“题海战术” 等有害于学生身心健康和自主性发展的方法成为最基本的教育方法。部分教师为了抓升学率而把学生当成学习的工具,只见书本、分数而不见人,忽视了学生作为“人”的生命存在。

所以,在科学学生观的建构过程中,我们要切实关注学生的生命、人格,既要看到学生作为不成熟的个体而存在的一面,更要看到学生作为“人”这一主体存在的一面。同时还要从“学生是正处于成长过程中的人”这一科学高度理智面对学生的过错行为,并重新认识和定位教育的目的和意义。学生是人,是富于生命意义的人,这是一种最基本的学生观,也是第一位的学生观。只有认识到这一点,才能真正把以人为本的教育理念贯穿到整个教育过程中。

2.应把学生看作是“和谐的整体”

夸美纽斯认为人是一个和谐的整体。学生身心内外都是一个整体。学生只有整体得到发展才是良好的发展。生活中那些心智、情商、肢体都得到了应有的发展,并且能很好适应生活环境变化的人,他们往往都有正确的人生观、世界观、价值观,对工作、生活、他人等都能持积极乐观的态度,他们能感受到生命带给他们的种种幸福。而那些身心发展不平衡或者某方面缺失而又没能从别的方面得到补偿的人往往持一种不健全的人生观、世界观和价值观,在看待他人、生活和工作方面也容易持偏激的态度。个体成长的理想状态是和谐,理想追求也是和谐。追求和谐是一个人健康成长的前提,也是一个人能够幸福生活的基础。为此,在建构科学学生观的过程中,我们要树立整体发展的学生观。要把学生视为一个整体的存在,把学生的发展视为一个整体的和谐发展,而不是德智体某方面的发展,更不是几个方面发展的简单相加。广大教育工作者要改变以前“以一好代三好,以三好代全优”的学生评价观念。要学会正确看待和评价一个学生,在看到学生得到良好发展的方面的同时,还要看到学生个体需要进一步发展和完善的方面,要学会客观、公正地审视学生,避免对学生评价时盲目乐观和盲目悲观的态度。

3.要相信学生的“潜能”

相信学生的潜力，是把学生作为发展的人来认识的重要要求。在《大教学论》一书中，夸美纽斯指出人有巨大的发展潜能，坚信只要活着，人就始终有获得进一步发展的可能。

我们今天的教师，对学生的发展潜能主要存在以下认识误区：(1)直接否认学生的发展潜能，轻易给一个学生的成长下结论，缺乏一种发展的眼光。在评价一个学生时，简单地采取阶段式评价，认为只有在学习期间考了高分才是有发展前途的学生，否则就是没有出息的学生。(2)把学生的发展潜能简单界定为智力发展潜能，意识不到潜能的多样性，缺乏一种全面的眼光；看一个学生只看其试卷分数，不看其品行、情感等其他方面的发展情况。(3)由于坚信学生有巨大的发展潜能，就不遵循个体长成和教育的规律，盲目对其进行潜能开发，缺乏一种潜能发展的秩序眼光。如：忽视了学生的承受能力和发展规律、个体差异等因素，盲目对学生施加各种学习压力，不顾一切让学生挑战智力、心理承受能力等方面的极限，过早、过快、过度地开发学生的潜能，让学生的身心得不到应有的休养生息。这些误区导致了一些现象的产生，如：曾经被学校教师认为是不可能有什么大作为的学生，最终却发展成为知名的企业家；曾经因为考试成绩不好而被教师放弃的学生最终却因为其他方面得到了很好的发展而成为艺术家、运动员等；曾经被教师们视为“掌中宝”的天才神童，最终却成绩平平，毫无建树可言。现实中，这样的事例不胜枚举。

教师要对学生的发展潜能有一个全面的认识，要学会从更多更广的角度去审视和评价一个学生，要树立“没有教不好的学生”的学生观。因为一个学生虽然可能在智力发展方面不如别人，但他也有可能在德行、体育、审美、情感、意志等方面得到很好的发展。从这个角度上讲，教师的职责并不是轻易给一个学生的素质下结论，而是尽力去发现学生身上的各种潜能，并帮助其得到应有的发展。

正如著名青年教育改革家魏书生老师说的：“一名好教师必须永远相信不管多么笨的学生，脑子里其实都埋藏着无穷无尽的潜力。事实上，不是学生脑子里缺少资源，而是我们自己缺少勘探和开发这些资源的能力。”

4.要尊重学生的个性

教育者在教育过程中要树立“千人千面”的学生观和“儿童不可比”的教育理念；要改变那种把考试成绩作为衡量学生知识、智力发展的唯一标准的观念，摒弃“一好百好，一差百差”的观念。因为我们不能仅凭一片花瓣就去评价整个花朵，而应从多个维度审视学生，用多把“尺子”评价学生，尊重学生之间的个性差异，消除人为的“标签”。那种盲目要求不同学生持有统一的思想情感，表现出整齐划一的行为和结果的思想观念是违背人性的，是不科学的。十几岁的孩子，正处在身心发展的关键时期，可塑性极大。教育者应当从各方面去关心他们，发现他们的闪光点，帮助培养其进取的信心和勇气。任何学生都是独具个性的个体，都有自己特定的发展倾向。教育者应当做的是坚持“学生是独特的个体”的思想，促进个体在适合其自身特点的方面得到应有的发展。

5.让学生在实践中成长

夸美纽斯在高度赞扬人的自然属性、看到人成长过程中的自然秩序的同时，还特别强调社会生活实践对个体成长不可忽视的地位和作用。他意识到人虽然天生具备各种发展的素质和潜力，但是人对社会的知识和经验是缺乏的，如果离开了社会环境和社会生活实践，人将不可能获得属于人本应有的发展。为此，教育者在对学生施教过程中应当引入社会知识、社会实践等方面的内容，只有让学生在学习和实际参与的过程中去了解社会生活的方方面面，才利于学生对未来生活的适应与生存能力的提高。如果教育者提供的教育情境严重脱离了社会生活环境的真实性，成为一个非常单纯的“象牙塔”，不能给学生提供与社会生活实践相关的教育，就不可能帮助学生在学习中准备生活，学生将来的社会适应性也不可能得到应有的发展。目前，中小学教育对学生的社会生活实践教育还做得不够，以至于很多中小学生连最起码的生活自理能力都没有，最终考上大学却不得不因为生活无法自理而退学或由父母陪读；有的学生直到走入社会工作后也无法适应社会。为此，教育者在教育过程中要改变“书本中心”和“只见书本不见人”的教育观念，树立“全人教育”的思想，端正对教育的“全面性”的认识，注意在课堂教学活动和其他课外活动、社会实践活动中锻炼学生的动手能力、活动参与意识和能力，拓展学生的眼界，丰富学生对生活、学习、社会和个体发展等方面的良好意识。

九、对现代和谐教育的启示

夸美纽斯对人性的理解，直接影响到他的教育观，其建构的人性和谐观，对现代和谐教育具有一定的启示意义。

1.夸美纽斯的人性和谐观带来了和谐教育

在夸美纽斯看来，人本来的身心存在状态是和谐统一的。他说："人人喜爱和谐，人的本身里外都只是一种和谐。"人本身热爱和谐，追求和谐。人是一种和谐的整体。夸美纽斯要求教育活动要依据人的自然本性和身心发展规律进行教育，培养心智和谐发展的"自然人"。夸美纽斯认为，人是一个完善和谐的整体。人身体的各部分就好比一只钟的各个零件一样，通过一定的方式紧凑地组织在一起。各部分有分工，而又互相配合，互相制约，从而形成一个完善、和谐的整体。人的心理同样也是一个和谐的存在，其中的意志、欲望与情爱等因素相互影响，相互制约。正是这种"主动因素与被动因素的恰当混合"，才保证了人身上的各种和谐与融合得以出现，这就是夸美纽斯的人性和谐观。夸美纽斯的人性和谐观给现代教育带来了新的教育理念——和谐教育。这种教育理念为我们现代教育提供了很好的借鉴和启迪。

根据他的和谐教育理念，教学应该是循序渐进的，各个步骤必须关联，要环环相扣。例如，在教学内容上"务使先学的能为后学的扫清道路"；在教材安排上要由近及远，由简到繁，由易到难，由已知到未知，由具体到抽象；在教学时间的安排上"务使每年、每月、每日、每时都有它的指定的工作"；在学生学习的过程中"要按学生的年龄及其已有的知识循序渐进地进行教导"，即从感官的活动开始进行观察，在理解的基础上再去记忆，最后进行实际练习巩固。因此，他要求在学校工作中也要把时间、科目和方法巧妙地加以安排，那么，教育工作同样可以进行得迅速、省力而又有效。

2.和谐教育是当今全球化时代的教育目标

古往今来，和谐是人们孜孜以求的理想，是人类对真善美的追求，是人类永恒的话题，而和谐教育则是沟通东西方文化的桥梁，是推进人类快速发展的一笔巨大财富。教育的最终目标是和谐教育。对于生活在当今全球化时代、和谐社会的教育工作者来说，应当顺应历史发展趋势，倡导和谐教育。为了使每个人的智力得到充分的发展，就要根据学生的天性进行教育，按照学生的兴趣、爱好、倾向选择学科，就能在较短的时间内，收到比较好的效果。反之，尽管学生尽了很大的努力，其收效也是微乎其微。因此，学校、教师、家长都有责任帮助青少年选择与他的兴趣、天然倾向相符合的学科，使其智力得以顺利发展。为了使儿童得到顺其自然的发展，必须废止强制性教育的错误观念和做法。遵循自然发展的规律，因材施教，尽力做到“教与学的便易性原则”“教与学的彻底性原则”“教与学的简明性与迅速性原则”。

3.夸美纽斯的和谐教育思想为构建和谐教育提供了全新视野

教育涉及人民群众的切身利益和社会发展的各个方面，历来被看作是人们缩小社会差别的重要手段。教育涉及千家万户，惠及子孙后代，关系国家的前途命运和长治久安，是人民群众普遍关心的工作，在构建社会主义和谐社会中起着十分重要的作用。

坚持教育的社会主义性质和公益性原则，保障人民享有接受良好教育的机会，促进教育公平，对保障社会公平、构建社会主义和谐社会具有重要意义。由此可见，公平的教育应该是每个社会成员在享受公共教育资源时受到公正和平等的对待。教育公平是人发展起点的公平，是社会公平的重要组成部分。

参考文献

[1]夸美纽斯.大教学论[M].傅任敢,译.北京:人民教育出版社,1984.

[2]夸美纽斯.大教学论[M].傅任敢,译.北京:教育科学出版社,1999.

[3]任钟印选编.夸美纽斯教育论著选[M].北京:人民教育出版社,1991.

[4]魏译馨选编.傅任敢教育译著选集[M].长沙:湖南教育出版社,l983.

[5]克腊斯诺夫斯基.夸美纽斯的生平和教育学说[M].杨岂深等,译.北京:人民教育出版社,1957.

[6]麦丁斯基著.世界教育史(上册)[M].叶文雄,译.北京:五十年代出版社,1953.

[7]沙巴也娃主编.教育史[M].邰爽秋等,译.北京:人民教育出版社,1955.

[8]E·P·克伯雷选编.外国教育史料[M].上海:华中师范大学出版社,1991.

[9]吴式颖、任钟印主编.外国教育思想史(第五卷)[M].长沙:湖南教育出版社,2000.

[10]E.P.Cubberley:The History of Education[M].Houhton Mifflin Company,1920。

[11]Paul Monroe:A Text-Book in the History of Education[M].New York:Mcmilian Company,1906。

[12]刘德华.让教育焕发生命的价值[M].桂林:广西师大出版社,2003.

[13]王英.夸美纽斯儿童道德教育思想对当前幼儿园教育的启示[J].东方青年·教师,2011(8).

[14]陈小娇.浅析夸美纽斯语言教学观对我国小学英语课堂教学的启示[J].考试与评价,2013(6).

[15]刘婧.夸美纽斯的教育思想对数学教育的启示[J].知识经济,2010(18).

[16]冯海英、汪淑丽.论夸美纽斯的人性和谐观及其现代教育启示:和谐教育[J].中共济南市委党校学报,2008(3).

[17]冯博.夸美纽斯“泛智”教育思想对构建和谐教育的启示[J].价值工程,2010(36).

[18]姜艳.“泛智”教育思想对成人继续教育的启示[J].继续教育研究,2012(7).

[19]唐文静.从教育部规定看惩罚教育[J].教育科学论坛,2009(11).

[20]李晓丽、郑刚.夸美纽斯德育思想及其对小学生道德教育的启示[J].湖南第一师范学院学报,2012(2).

[21]刘玉娟、杨力伟、侯建华.夸美纽斯道德教育思想的有益启示[J].唐山师范学院学报,2007(3).

[22]杨世民.夸美纽斯的人性观对当代科学学生观建构的启示[J].云南师范大学,2005.

[23]杨正强.夸美纽斯的学习观及当代启示[J].重庆文理学院学报(社会科学版),2010(6).

[24]赵晓霞.夸美纽斯《大教学论》对语文教学实践的启示[J].西北成人教育学报,2012(4).

[25]纪升娟.夸美纽斯《大教学论》对我国教育教学改革的启示[J].学理论,2011(18).

[26]魏会超.夸美纽斯教育思想对我国中小学教育的启示[J].安康学院学报,2012(4).